NARCOTICS ANONYMOUS

Weitere bei den NA World Services, Inc. erhältliche Literatur

Eine Einführung in NA, überarbeitete Ausgabe
Nur für heute
Sponsorschaft
Weißes Büchlein
Das NA-Gruppenbüchlein
In Zeiten von Krankheit
NA: Eine Hilfe in Ihrer Gemeinde
Hinter Gittern
Wer, was, wie und warum (IP Nr. 1)
Die Gruppe (IP Nr. 2)
Eine andere Sichtweise (IP Nr. 5)
Genesung und Rückfall IP Nr. 6)
Bin ich süchtig? (IP Nr. 7)
Nur für Heute (IP Nr. 8)
Nach dem Programm leben (IP Nr. 9)
Arbeitshilfe für Schritt Vier in NA (IP Nr. 10)
Sponsorschaft, überarbeitete Ausgabe (IP Nr. 11)
Das Dreieck der Selbstbesessenheit (IP Nr. 12)
Von jungen Süchtigen für junge Süchtige (IP Nr. 13)
Eine persönliche Erfahrung (IP Nr. 14)
ÖA *und das NA-Mitglied* (IP Nr. 15)
Für die Neuhinzukommenden (IP Nr. 16)
Für Süchtige in Therapieeinrichtungen (IP Nr. 17)
Selbstannahme (IP Nr. 19)
Dienst in K&E und das NA-Mitglied (IP Nr. 20)
Willkommen bei Narcotics Anonymous (IP Nr. 22)
Loner–In der Isolation clean bleiben (IP Nr. 21)
Draußen clean bleiben (IP Nr. 23)
Hey, wofür ist der Spendenkorb? (IP Nr. 24)
Für Eltern oder Erziehungsberechtigte von Minderjährigen in NA (IP Nr. 27)

NARCOTICS ANONYMOUS

Übersetzung der fünften Ausgabe des Buches Narcotics Anonymous

NARCOTICS ANONYMOUS WORLD SERVICES, INC.
Chatsworth, California, USA

World Service Office
PO Box 9999
Van Nuys, CA 91409 USA
Tel. (818) 773-9999 Fax (818) 700-0700
Website: www.na.org

World Service Office–CANADA
Mississauga, Ontario

World Service Office–EUROPE
48 Rue de l'Eté
B-1050 Brussels, Belgium
Tel. +32/2/646-6012

World Service Office–IRAN
Tehran, Iran
www.na-iran.org

NARSK e.V.
Postfach 11 10 10
D-64225 Darmstadt
www.narcotics-anonymous.de

Printed in China

14 13 12 11 10 9

Übersetzung von gemeinschaftsgenehmigter NA-Literatur

ISBN 978-1-55776-171-2 German 7/07

WSO Catalog Item No. GE-1101

Vorwort zur deutschsprachigen Ausgabe

Die vorliegende deutschsprachige Übersetzung des "Basic Text" ist das Ergebnis einer mehr als vierjährigen Arbeit von NA-Mitgliedern. Es war und ist die Liebe und Dankbarkeit der Gemeinschaft gegenüber, die es uns ermöglichte, über einen so langen Zeitraum hinweg bei unserer Aufgabe zu bleiben.

Als sich am 14. Januar 1989 einige süchtige Frauen und Männer zu der ersten Sitzung des damals sehr umständlich genannten "Unterkomitee des Regionalen Literatur Komitees für die Übersetzung des Basic Text" zusammenfanden, erahnten nur die wenigsten der Anwesenden das Ausmaß der vor uns liegenden Aufgabe. In diesem ersten Treffen legten wir den Rahmen fest, in dem die Arbeit vonstatten gehen sollte. Wenn uns auch nicht alle Einzelheiten klar waren, so stimmten wir jedoch in einem überein: dies ist der Beginn eines Traumes, der Wirklichkeit wird.

Als Ergebnis dieses Treffens bildeten sich zwei Arbeitsgruppen, deren Aufgabe es war, eine von einer professionellen Übersetzerin erstellte erste Übersetzung des "Basic Text" auf ihre Richtigkeit hin zu überprüfen. In einem Plenum, bestehend aus einigen Mitgliedern beider Arbeitsgruppen, wurden diese ersten Bearbeitungen erneut durchgesehen. Das Ergebnis war die "Ausgabe zur Eingabe".

Die NA-Gemeinschaft hatte nun die Möglichkeit, auf der Grundlage dieser Ausgabe, Eingaben zu machen. Die dem Komitee zugeleiteten Eingaben betrafen die Zeichensetzung, Grammatik und Rechtschreibung als auch stilistische Anregungen und alternative Übersetzungsvorschläge. Nun traf sich erneut das Plenum, ergänzt durch weitere interessierte NA-Mitglieder, um diese Eingaben in den Text einzuarbeiten. Die Frucht all dieser Arbeit ist diese Ausgabe des Basic Text in deutscher Sprache.

Über die Jahre hinweg hat sich die Zusammensetzung der Arbeitsgruppen immer wieder geändert, wobei ein fester Stamm kontinuierlich mitarbeitete. Wir haben uns viele

Stunden, Tage und Wochenenden der Arbeit an dem Text gewidmet. Oft diskutierten wir lange über die Bedeutung eines bestimmten Wortes, ja sogar, ob nun an eine gewisse Stelle ein Komma gesetzt werden sollte, oder nicht. Speziell während verschiedener Arbeitswochenenden in einem Feriendorf im Odenwald wurde deutlich, mit welcher Ernsthaftigkeit und Hingabe Süchtige an einem gemeinsamen Ziel, der Weitergabe unserer Botschaft in geschriebener Form, arbeiten können. Diese Tatsache allein ist schon Ausdruck des Wunders der Genesung, wenn wir in Betracht ziehen, welch einsame und selbstbesessene Menschen wir mitunter in unserer aktiven Suchtzeit waren.

Oftmals verleitete uns eine Formulierung dazu, unserer eigenen Auslegung den Vorrang vor dem tatsächlichen Wortlaut des Textes, geben zu wollen. Unsere Höhere Macht, wie sie sich in unserem Gruppengewissen zu erkennen gab, half uns, diese und andere Fallen zu umgehen. Hatten wir irgendwelche Zweifel, so hielten wir uns streng an das englische Original. Deshalb klingt manchmal der Satzbau ein wenig umständlich. Unsere Aufgabe war nicht, eine Interpretation des "Basic Text" zu verfassen, sondern eine originalgetreue Übersetzung. Wir meinen, daß die Sprache des Herzens, die wir erfahren, wenn wir miteinander teilen, auch aus diesem Buch zu uns spricht. Diese Sprache kennt keine Grenzen, sie sagt uns, daß es Hoffnung gibt. Dieses Buch verleiht der Hoffnung Ausdruck, es ist die Grundlage unserer Genesung. Allen, die an dieser Aufgabe mitgewirkt haben, in welcher Form auch immer, sei unser Dank ausgesprochen. Unser ganz besonderer Dank gilt der NA-Gemeinschaft, die uns immer wieder das Vertrauen und die Unterstüzung geschenkt hat, um unseren Beitrag zur Erfüllung unserer Hauptaufgabe zu leisten, die Botschaft zu den Süchtigen zu bringen, die noch leiden.

REGIONALES LITERATURKOMITEE DER DEUTSCHSPRACHIGEN REGION
UNTERKOMITEE BASIC TEXT

INHALT

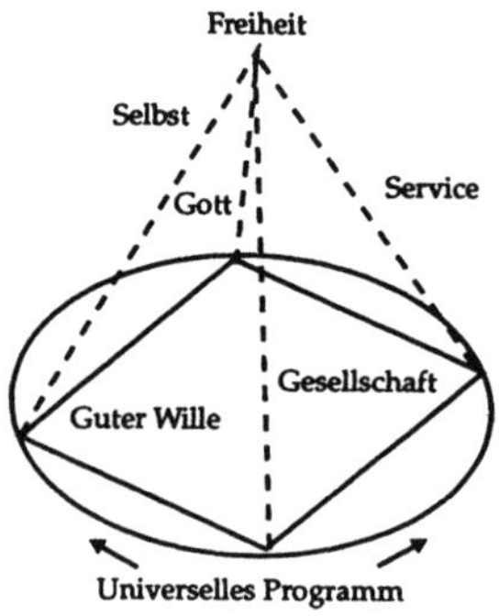
Freiheit
Selbst
Gott
Service
Gesellschaft
Guter Wille
Universelles Programm

Freiheit
Selbst
Gott
Gesellschaft
Guter Wille
Service
Universelles Programm

UNSER SYMBOL

Einfachheit ist der Schlüssel zu unserem Symbol; in ihm spiegelt sich die Einfachheit unserer Gemeinschaft wieder. Alle Arten okkulter und esoterischer Nebenbedeutungen können in seinen klaren Umrißlinien gefunden werden, doch im Bewußtsein der Gemeinschaft stehen an erster Stelle leicht zu verstehende Bedeutungen und Beziehungen.

Der äußere Kreis stellt ein universelles und ganzheitliches Programm dar, in dem Raum für alle Erscheinungsformen des genesenden Menschen ist.

Das Quadrat, dessen Linien festgelegt sind, ist leicht zu erkennen und zu verstehen; aber es gibt noch andere nicht sichtbare Teile des Symbols. Die quadratische Grundfläche steht für den guten Willen, die Grundlage von beidem: der Gemeinschaft und den Mitgliedern unserer Gesellschaft. Guter Wille findet seinen besten Ausdruck im Service; angemessener Service ist, "das Richtige aus den richtigen Beweggründen zu tun." Wenn guter Wille die Einzelnen als auch die Gemeinschaft unterstützt und bewegt, dann sind wir völlig Eins und gänzlich frei. Das Stigma, Süchtige zu sein, wird wahrscheinlich das Letzte sein, was wir an die Freiheit verlieren.

Es sind die vier Seitenflächen der Pyramide, die von der Grundfläche in dreidimensionaler Gestalt aufragen, die das Selbst, die Gesellschaft, den Service und Gott verkörpern. Sie alle erheben sich zum Punkt der Freiheit. Alle Teile stehen in enger Beziehung zu den Bedürfnissen und Zielen der Süchtigen, die Genesung suchen, und zu dem Zweck der Gemeinschaft, nämlich Genesung allen zugänglich zu machen. Je größer die Grundfläche (indem wir an Einigkeit gewinnen, an Zahl zunehmen und in der Gemeinschaft wachsen), desto breiter die Seitenflächen der Pyramide und desto höher der Punkt der Freiheit.

VORWORT

"Die volle Frucht gern getaner Arbeit liegt in der Ernte, und die kommt zu ihrer Zeit . . ."

Das Material für dieses Buch wurde den persönlichen Erfahrungen von Süchtigen in der Gemeinschaft von Narcotics Anonymous entnommen. Dieser Basic Text stützt sich auf einen Entwurf, dessen Ursprung unser "weißes Büchlein" *Narcotics Anonymous* ist. Den ersten acht Kapiteln liegen die Themenüberschriften des weißen Büchleins zugrunde, die zugleich die Kapitelüberschriften sind. Ein neuntes und zehntes Kapitel wurden angehängt: "Nur für Heute" und "Mehr wird offenbart". Es folgt eine kurze Geschichte des Buches.

Narcotics Anonymous wurde im Juli 1953 gebildet, als das erste Meeting in Süd-Kalifornien abgehalten wurde. Die Gemeinschaft wuchs unstet, aber breitete sich schnell in verschiedene Teile der Vereinigten Staaten von Amerika aus. Von Anfang an bestand ein offensichtliches Bedürfnis nach einem Buch über Genesung, um zur Stärkung der Gemeinschaft beizutragen. Das weiße Büchlein *Narcotics Anonymous* wurde 1962 veröffentlicht.

Die Gemeinschaft hatte noch kaum Struktur, und die Sechziger Jahre waren eine Zeit des Ringens. Die Zahl der Mitglieder stieg eine Zeitlang schnell und fing dann wieder an abzunehmen. Der Bedarf für genauere Anleitung war leicht zu erkennen. 1972 zeigte NA seine Reife, als in Los Angeles ein Welt Service Büro (WSO) eröffnet wurde. Das WSO brachte der Gemeinschaft die benötigte Einigkeit und ein Gefühl für Ziel und Zweck.

Die Eröffnung des WSO brachte Stabilität in das Wachstum der Gemeinschaft. Heute gibt es in tausenden von Meetings überall in den USA und in vielen anderen Ländern genesende Süchtige. Heute dient das WSO einer wirklich weltweiten Gemeinschaft.

Narcotics Anonymous hat schon lange die Notwendigkeit für einen vollständigen Basic Text über Sucht erkannt — ein Buch über Süchtige von Süchtigen und für Süchtige.

Nach der Bildung des WSO wurden die dahingehenden Anstrengungen durch die Veröffentlichung des *The NA Tree* (der NA Baum) verstärkt, einem Faltblatt über Service-Arbeit. Dieses Faltblatt war der ursprüngliche Serviceleitfaden der Gemeinschaft. Ihm folgten weitere umfassendere Auflagen, zuletzt das *NA-Servicehandbuch*.

Das Handbuch umriß eine Servicestruktur, welches eine Welt Service Konferenz (World Service Conference, WSC) einbezog. Die WSC ihrerseits enthielt ein Literaturkomitee. Mit der Ermutigung des WSO, verschiedenen Mitgliedern des Board of Trustees und der Konferenz begann die Arbeit.

Als das Verlangen nach Literatur sich ausweitete, insbesondere nach einem ausführlichen Buch, entwickelte sich das WSC Literaturkomitee. Im Oktober 1979 wurde die erste Welt-Literaturkonferenz in Wichita, Kansas, abgehalten, gefolgt von Konferenzen in Lincoln, Nebraska; Memphis, Tennessee; Santa Monica, Kalifornien; Warren, Ohio und Miami, Florida.

Das Unterkomitee für Literatur der WSC hat in Versammlungen und in Einzelarbeit hunderte Seiten Material von Mitgliedern und Gruppen quer durch die ganze Gemeinschaft gesammelt. Dieses Material wurde unter großen Mühen katalogisiert, bearbeitet, zusammengestellt, zergliedert und wieder zusammengefügt. Dutzende von Vertreterinnen und Vertretern der Gebiete und Regionen haben in ihrer Arbeit mit dem Literaturkomitee dem Verfassen des vorliegenden Werkes tausende von Arbeitsstunden gewidmet. Jedoch bedeutender ist, daß diese Mitglieder bewußt versucht haben, für einen Wortlaut gemäß dem Gruppengewissen zu sorgen.

Im Geiste der Anonymität halten wir, das WSC Literatur Unterkomitee, es für angemessen, der Gemeinschaft als ganzes unsere besondere Dankbarkeit und Wertschätzung auszudrücken, ganz besonders den Vielen, die Material zur Aufnahme in dieses Buch beisteuerten. Wir denken, dieses Buch ist eine Synthese des vereinten Gruppengewissens der Gemeinschaft und glauben, daß jeder einzelne vorgeschlagene Gedanke in der einen oder anderen Form in diese Arbeit einbezogen ist.

Dieses Buch soll ein Leitfaden für alle Süchtigen sein, die Genesung suchen. Als Süchtige kennen wir den Schmerz der Sucht, aber auch die Freude der Genesung, die wir in der Gemeinschaft von Narcotics Anonymous gefunden haben. Wir glauben, es ist an der Zeit, unsere Genesung schriftlich mit all jenen zu teilen, die sich wünschen, was wir gefunden haben. Demgemäß soll dieses Buch alle Süchtigen davon in Kenntnis setzen:

NUR FÜR HEUTE BRAUCHST DU NIE MEHR ETWAS ZU NEHMEN!

Deshalb,

mit Dankbarkeit in unserer Genesung widmen wir unser Buch dem liebenden Dienst unserer Höheren Macht. Damit durch die Entwicklung einer bewußten Verbindung zu Gott keine süchtigen Menschen, die Genesung suchen, ohne die Möglichkeit, einen besseren Lebensweg gefunden zu haben, sterben müssen.

Wir bleiben betraute Dienerinnen und Diener in Dankbarkeit und liebendem Dienst.

LITERATUR UNTERKOMITEE
WELT SERVICE KONFERENZ
NARCOTICS ANONYMOUS

Wir können das Wesen der Süchtigen oder der Sucht nicht ändern. Wir können dazu beitragen, die alte Lüge zu widerlegen "einmal süchtig, immer süchtig", indem wir danach streben, Genesung zugänglicher zu machen. Gott, hilf uns, an diesen Unterschied zu denken.

EINFÜHRUNG

Dieses Buch ist die geteilte Erfahrung der Gemeinschaft von Narcotics Anonymous. Wir laden Dich ein, dieses Buch zu lesen, in der Hoffnung, daß Du Dich dafür entscheiden wirst, das neue Leben, welches wir gefunden haben, mit uns zu teilen. Wir haben keineswegs eine Heilung für Sucht gefunden. Wir bieten lediglich einen bewährten Plan zur täglichen Genesung.

In NA befolgen wir ein Programm in Anlehnung an die Anonymen Alkoholiker. Mehr als eine Million Menschen sind in AA genesen, die meisten davon genauso hoffnungslos alkoholsüchtig, wie wir drogenabhängig. Wir sind der AA-Gemeinschaft dankbar, daß sie uns den Weg in ein neues Leben gezeigt hat.

Die Zwölf Schritte von Narcotics Anonymous, wie von AA übernommen, sind die Grundlage unseres Genesungsprogramms. Wir haben lediglich deren Blickwinkel erweitert. Wir folgen demselben Pfad mit einer einzigen Ausnahme; wir erkennen uns als umfassend süchtig an in Hinsicht auf alle stimmungs- und bewußtseinsverändernden Substanzen. Für uns ist der Begriff Alkoholismus zu eng gefaßt; unser Problem ist nicht eine bestimmte Substanz, sondern eine Krankheit, die Sucht genannt wird. Wir glauben, daß wir als Gemeinschaft von einem Höheren Bewußtsein gelenkt wurden, und wir sind dankbar für die Anleitung, die es uns ermöglichte, auf ein bewährtes Programm der Genesung aufzubauen.

Wir kommen auf verschiedenen Wegen zu Narcotics Anonymous und glauben, daß unsere Gemeinsamkeit darin besteht, daß wir nicht mit unserer Sucht zurechtkamen. Aufgrund der Vielfalt der Süchtigen in unserer Gemeinschaft nähern wir uns der in diesem Buch enthaltenen Lösung in allgemeiner Form. Wir beten darum, daß wir erforschend und sorgfältig gewesen sind, damit alle Süchtigen, die dieses Buch lesen, die Hoffnung finden werden, die wir gefunden haben.

Aufgrund unserer Erfahrung glauben wir, daß alle Süchtigen, die potentiellen eingeschlossen, an einer unheilbaren Krankheit des Körpers, der Seele und des Geistes leiden. Wir befanden uns in der Gewalt eines hoffnungslosen Dilemmas, dessen Lösung spiritueller Natur ist. Deshalb wird sich dieses Buch mit spirituellen Angelegenheiten beschäftigen.

Wir sind keine religiöse Organisation. Unser Programm besteht aus einer Reihe spiritueller Prinzipien, mit deren Hilfe wir von einem scheinbar hoffnungslosem Zustand der Seele und des Körpers genesen. Während der Zusammenstellung dieser Arbeit haben wir immer wieder gebetet:

"Gott, verleihe uns Wissen, damit wir gemäß Deiner göttlichen Richtlinien schreiben mögen. Laß uns Deine Absicht erkennen. Mache uns zu Dienern und Dienerinnen Deines Willens und gewähre uns Bande der Selbstlosigkeit, auf daß dies wahrhaftig Dein Werk sein möge, nicht unseres — damit nirgendwo ein Süchtiger oder eine Süchtige an den Schrecken der Sucht sterben braucht."

Alles, was im NA-Service geschieht, muß vom Wunsch getragen sein, noch erfolgreicher die Botschaft der Genesung den Süchtigen, die noch leiden, zu bringen. Aus diesem Grund haben wir diese Arbeit begonnen. Wir müssen uns immer gewahr sein, daß wir als Einzelmitglieder, Gruppen und Service-Komitees nicht im Wettstreit miteinander liegen und niemals liegen dürfen. Wir arbeiten getrennt und zusammen, um den Neuankömmlingen zu helfen und für unser gemeinsames Wohlergehen. Schmerzvoll mußten wir lernen, daß interner Streit unsere Gemeinschaft lähmt; er verhindert, daß wir die Dienste bereitstellen, die für Wachstum erforderlich sind.

Es ist unsere Hoffnung, daß dieses Buch den leidenden Süchtigen helfen wird, die Lösung zu finden, die wir gefunden haben. Unser Vorsatz ist, nur für heute clean zu bleiben und die Botschaft der Genesung weiterzugeben.

BUCH EINS
NARCOTICS ANONYMOUS

Viele Bücher sind über das Wesen der Sucht geschrieben worden. In diesem Buch geht es um Genesung. Wenn Du süchtig bist und dieses Buch gefunden hast, bitte gib Dir eine Chance und lies es!

KAPITEL EINS
WER IST SÜCHTIG?

Die meisten von uns brauchen über diese Frage nicht nachzudenken. Wir wissen es! Unser ganzes Leben und Denken drehte sich um Drogen in irgendeiner Form, sie zu beschaffen, zu verwenden und Mittel und Wege zu finden, um mehr, immer mehr zu bekommen. Wir brauchten sie zum Leben und lebten, um sie zu gebrauchen. Einfach ausgedrückt, Süchtige sind Frauen oder Männer, deren Leben von Drogen beherrscht wird. Wir sind Menschen, die sich in der Gewalt einer ständig fortschreitenden Krankheit befinden, deren Ende immer das Gleiche ist: Gefängnis, Anstalt oder Tod.

Diejenigen von uns, die das Narcotics Anonymous Programm gefunden haben, brauchen über die Frage "Wer ist süchtig?" nicht nachzudenken. Wir wissen es! Folgendes ist unsere Erfahrung:

Als Süchtige sind wir Menschen, für die der Gebrauch von jeglichen bewußtseins- und stimmungsverändernden Mitteln in allen Lebensbereichen zu einem Problem wird. Sucht ist eine Krankheit, die mehr umfaßt, als den Gebrauch von Drogen. Einige von uns glauben, daß wir die Krankheit hatten, lange bevor wir zum ersten Mal Drogen nahmen.

Die meisten von uns hielten sich nicht für süchtig, bevor sie in das Narcotics Anonymous Programm kamen. Die Informationen, welche uns zur Verfügung standen, stammten von falsch informierten Leuten. Solange wir vorübergehend aufhören konnten, dachten wir, daß alles mit uns in Ordnung sei. Wir nahmen nur wahr, daß wir aufhören konnten, aber nicht, daß wir immer wieder Drogen nahmen. Je weiter unsere Sucht fortschritt, um so weniger dachten wir ans Aufhören. Nur wenn wir völlig verzweifelt waren, fragten wir uns: "Könnten es die Drogen sein?".

Wir haben es uns nicht ausgesucht, süchtig zu werden. Wir leiden an einer Krankheit, die sich in einer feindseligen Haltung unserer Umwelt gegenüber ausdrückt und eine Feststellung, Diagnose und Behandlung schwierig macht.

Unsere Krankheit isolierte uns von den Menschen, es sei denn, wir waren dabei, Drogen zu beschaffen, zu gebrauchen und Mittel und Wege zu finden, um mehr zu bekommen. Feindselig, grollend, egoistisch und selbstsüchtig schnitten wir uns von der Außenwelt ab. Alles, was uns nicht völlig vertraut war, wurde fremd und gefährlich. Unsere Welt schrumpfte zusammen, und Isolation wurde unser Leben. Wir nahmen Drogen, um zu überleben. Dies war die einzige Lebensweise, die wir kannten.

Einige von uns nahmen, gebrauchten und mißbrauchten Drogen und betrachteten sich dennoch nicht als süchtig. Während all dem sagten wir uns immer wieder: "Ich habe es im Griff". Unsere falsche Auffassung vom Wesen der Sucht beinhaltete Bilder von Gewalttätigkeit, Straßenkriminalität, dreckigen Nadeln und Gefängnis.

Wurde unsere Sucht als Verbrechen oder moralische Schwäche behandelt, reagierten wir mit Rebellion und wurden nur noch tiefer in die Isolation getrieben. Manchmal fühlte sich die Wirkung der Droge großartig an, aber schließlich spiegelte das, was wir tun mußten, um weiter Drogen zu nehmen, Verzweiflung wieder. Die Krankheit hatte uns im Griff. Wir waren gezwungen zu überleben, egal wie. Wir manipulierten Leute und versuchten, alles um uns herum zu kontrollieren. Wir logen, stahlen, betrogen und verkauften uns. Wir mußten Drogen haben, um jeden Preis. Versagen und Angst befiel unser Leben.

Ein Aspekt unserer Sucht war die Unfähigkeit, mit dem Leben zu seinen Bedingungen fertig zu werden. Wir probierten

Drogen und Kombinationen von Drogen aus, um es mit der scheinbar feindlichen Welt aufzunehmen. Wir träumten davon, eine magische Formel zu finden, welche unser entscheidendes Problem, das in uns selbst lag, lösen würde. Tatsache war, daß wir keine bewußtseins- oder stimmungsverändernden Mittel, einschließlich Haschisch und Alkohol, erfolgreich einsetzen konnten. Drogen hörten auf, uns ein gutes Gefühl zu geben.

Zuweilen verteidigten wir unsere Sucht und rechtfertigten unser Recht, Drogen zu nehmen, besonders wenn wir legale Rezepte hatten. Wir waren stolz auf das zuweilen illegale und oft bizarre Verhalten, das unseren Drogengebrauch auszeichnete. Wir "vergaßen" die Momente, in denen wir allein waren und von Angst und Selbstmitleid verzehrt wurden. Wir verfielen in ein Muster eingeschränkten Denkens. Wir erinnerten uns nur an die guten Erfahrungen mit Drogen. Wir rechtfertigten und rationalisierten die Dinge, die wir taten, um keine Entzugserscheinungen zu bekommen oder verrückt zu werden. Wir ignorierten die Zeiten, in denen das Leben ein Alptraum zu sein schien, und wichen der Wirklichkeit unserer Sucht aus.

Höhere geistige und emotionale Funktionen, wie das Gewissen und die Fähigkeit zu lieben, wurden durch unseren Drogengebrauch stark beeinträchtigt. Die Fähigkeit zu leben war auf das Niveau eines Tieres gesunken. Unser Lebensgeist war gebrochen. Die Fähigkeit, sich als Mensch zu fühlen, war verlorengegangen. Dies erscheint übertrieben, aber viele von uns haben sich wirklich in diesem Geisteszustand befunden.

Ständig waren wir auf der Suche nach der Antwort – nach den Menschen, Orten oder Dingen, welche alles in Ordnung bringen würden. Wir waren unfähig, mit dem täglichen Leben fertig zu werden. Als unsere Sucht fortschritt, begann für viele von uns das "Rein in die Anstalt, raus aus der Anstalt".

Diese Erfahrungen zeigten, daß mit unserem Leben etwas nicht stimmte. Wir wollten den einfachen Ausweg. Einige von uns dachten an Selbstmord. Unsere Versuche waren gewöhnlich halbherzig und trugen nur noch mehr zu unserem Gefühl der

Wertlosigkeit bei. Wir waren in der Illusion des "was geschieht, wenn", "wenn doch nur" und "nur noch ein einziges Mal", gefangen. Suchten wir Hilfe, dann waren wir nur darauf aus, von den Schmerzen befreit zu werden.

Oft erlangten wir unsere körperliche Gesundheit zurück, jedoch nur, um sie durch erneuten Drogengebrauch wieder zu verlieren. Unser Lebensprotokoll zeigt, daß es für uns unmöglich ist, erfolgreich Drogen zu nehmen. Ganz gleich, wie gut wir uns dem Anschein nach unter Kontrolle haben, der Gebrauch von Drogen zwingt uns jedesmal in die Knie.

Wie andere unheilbare Krankheiten kann auch die Sucht zum Stillstand gebracht werden. Wir stimmen darin überein, daß es nicht beschämend ist, eine Süchtige oder ein Süchtiger zu sein, vorausgesetzt, wir nehmen unsere schwierige Situation ehrlich an und unternehmen positive Schritte. Wir sind vorbehaltlos bereit zuzugeben, daß wir auf Drogen allergisch reagieren. Der gesunde Menschenverstand sagt uns, daß es wahnsinnig wäre, zum Auslöser unserer Allergie zurückzugehen. Unsere Erfahrung zeigt, daß die Medizin unsere Krankheit nicht heilen kann.

Obwohl die körperliche und geistige Widerstandsfähigkeit eine Rolle spielt, ist bei vielen Drogen kein langer Gebrauch erforderlich, um allergische Reaktionen auszulösen. Nicht die Menge, die wir nehmen, sondern die Reaktion auf Drogen ist es, die uns zu Süchtigen macht.

Viele von uns dachten nicht, daß wir ein Problem mit Drogen hatten, bis uns die Drogen ausgingen. Sogar wenn andere uns sagten, daß wir ein Problem hätten, waren wir davon überzeugt, daß bei uns alles stimmte und die Welt Unrecht hatte. Wir benutzten diese Auffassung, um unser selbstzerstörerisches Verhalten zu rechtfertigen. Wir entwickelten eine Sichtweise, die es uns ermöglichte, in unserer Sucht fortzufahren, ohne uns dabei um unser Wohlergehen oder das Wohlergehen anderer zu kümmern. Lange bevor wir dies irgend jemandem gegenüber zugeben konnten, begannen wir zu spüren, daß die Drogen uns umbrachten. Wenn wir versuchten aufzuhören, stellten wir fest, daß wir es nicht konnten. Wir ahnten, daß wir die Kontrolle über die Drogen verloren hatten und daß wir keine Macht hatten aufzuhören.

Infolge unseres weiteren Drogengebrauchs ergaben sich bestimmte Dinge. Wir gewöhnten uns an den bei Süchtigen üblichen Geisteszustand. Wir vergaßen, wie es war, bevor wir mit den Drogen anfingen; wir vergaßen gesellschaftliche Umgangsformen. Wir legten uns seltsame Gewohnheiten und Manieren zu. Wir vergaßen, wie gearbeitet wird; wir vergaßen, wie gespielt wird; wir vergaßen, wie man sich ausdrückt und Anteilnahme an anderen zeigt. Wir vergaßen, wie man fühlt.

Während wir Drogen nahmen, lebten wir in einer anderen Welt. Wir nahmen nur hin und wieder in Bruchstücken die Realität oder uns selbst wahr. Letztendlich schienen wir zwei Personen statt einer zu sein, Dr. Jekyll und Mr. Hyde. Wir rannten umher und versuchten, unser Leben vor unserem nächsten Absturz in den Griff zu bekommen. Manchmal gelang uns dies recht gut, später jedoch wurde es immer unwichtiger und immer unmöglicher. Am Ende starb Dr. Jekyll, und Mr. Hyde gewann die Oberhand.

Für jeden von uns gibt es Dinge, die er oder sie nie getan haben. Wir können dies nicht als Entschuldigung benutzen, um erneut Drogen zu nehmen. Einige von uns fühlen sich einsam wegen der Unterschiede zwischen ihnen und anderen NA-Mitgliedern. Dieses Gefühl erschwert es, alte Verbindungen und alte Gewohnheiten aufzugeben.

Wir alle haben unterschiedliche Schmerzgrenzen. Manche Süchtige mußten durch größere Extreme gehen als andere. Einige von uns meinten, genug zu haben, als sie feststellten, daß sie zu oft unter dem Einfluß von Drogen standen und daß dies ihr tägliches Leben beeinträchtigte.

Zuerst nahmen wir Drogen auf eine Art und Weise, die allgemein üblich oder doch zumindest kontrollierbar erschien. Es gab für uns nur wenige Anzeichen für die Katastrophe, die die Zukunft für uns bereithielt. An einem bestimmten Punkt wurde unser Drogengebrauch unkontrollierbar und antisozial.

Dies begann, als die Dinge gut liefen und wir uns in einer Lage befanden, die uns ein häufiges Nehmen ermöglichte. Dies war gewöhnlich das Ende der guten Zeiten. Möglicherweise haben wir versucht, unseren Drogengebrauch einzuschränken, umzusteigen oder sogar zu beenden, doch wir gerieten von einem Stadium des durch Drogen erzeugten Erfolgs und Wohlbefindens in den totalen seelischen, geistigen und gefühlsmäßigen Bankrott. Dieser Ablauf des Verfalls ist bei allen Süchtigen unterschiedlich. Egal, ob es Jahre oder Tage dauert, es geht bergab. Diejenigen unter uns, die nicht an der Krankheit sterben, gehen ins Gefängnis, in Psychiatrien oder in die völlige Demoralisierung, die mit dem Fortschreiten der Krankheit einhergeht.

Drogen hatten uns das Gefühl vermittelt, jede auch immer entstehende Situation in den Griff bekommen zu können. Wir merkten jedoch, daß der Drogengebrauch in großem Maße für manche unserer übelsten Schwierigkeiten verantwortlich war. Einige von uns verbringen möglicherweise den Rest ihres Lebens für ein im Zusammenhang mit Drogen begangenes Verbrechen im Gefängnis.

Wir mußten erst unseren Tiefpunkt erreicht haben, bevor wir bereit wurden aufzuhören. In der späteren Phase unserer Sucht waren wir schließlich motiviert, Hilfe zu suchen. Dann war es einfacher für uns, die Zerstörung, das Unglück und den Irrsinn, der in unserem Drogengebrauch lag, zu erkennen. Als die Probleme so völlig offen vor uns lagen, war es schwerer, unsere Sucht zu leugnen.

Manche von uns sahen die Wirkung ihrer Sucht zunächst an den Menschen, die ihnen am nächsten standen. Wir waren in starkem Maße von ihnen und ihrer Unterstützung in unserem Leben abhängig. Wir waren verärgert, waren enttäuscht und verletzt, wenn sie andere Interessen, Freunde und liebende Menschen fanden. Wir bedauerten das Vergangene, fürchteten uns vor der Zukunft, und die Gegenwart war nicht gerade reizvoll. Nach Jahren der Suche waren wir unglücklicher und unzufriedener, als zu dem Zeitpunkt, an dem alles begann.

Unsere Sucht machte uns zu Sklaven. Wir waren Gefangene unserer eigenen Gedanken und verdammt durch unsere eigene Schuld. Wir gaben die Hoffnung auf, jemals mit dem Gebrauch von Drogen aufhören zu können. Unsere Versuche, clean zu bleiben, schlugen jedesmal fehl und brachten uns Schmerz und Elend.

Als Süchtige haben wir eine unheilbare Krankheit — Sucht. Diese Krankheit ist chronisch, fortschreitend und tödlich. Dennoch ist sie eine Krankheit, die behandelt werden kann. Wir denken, daß jede und jeder einzelne die Frage beantworten muß: "Bin ich süchtig?". Wie wir die Krankheit bekamen, ist für uns nicht von unmittelbarer Bedeutung. Uns geht es um Genesung.

Wir beginnen, unsere Sucht zu behandeln, indem wir keine Drogen mehr nehmen. Viele von uns suchten nach Antworten, konnten aber keine praktikablen Lösungen finden, bis wir zueinander fanden. Sobald wir uns als Süchtige erkennen, wird Hilfe möglich. Wir können in allen Süchtigen einen Teil von uns selbst erkennen, ebenso wie wir ein wenig von ihnen in uns wahrnehmen. Diese Einsicht ermöglicht es uns, einander zu helfen. Unsere Zukunft schien ohne Hoffnung, bis wir cleane Süchtige fanden, die bereit waren, mit uns zu teilen. Die Leugnung unserer Sucht hielt uns im Zustand der Krankheit gefangen, aber unser ehrliches Eingeständnis der Sucht ermöglichte es uns, mit dem Drogennehmen aufzuhören. Die Leute von Narcotics Anonymous sagten uns, daß sie genesende Süchtige seien, die gelernt hatten, ohne Drogen zu leben. Wenn sie es schafften, so konnten auch wir es schaffen.

Die einzigen Alternativen zur Genesung sind Gefängnis, Anstalt, Selbstaufgabe und Tod. Unglücklicherweise läßt uns unsere Krankheit unsere Sucht leugnen. Wenn Du süchtig bist, kannst Du mit dem NA-Programm einen neuen Lebensweg finden. Im Verlauf unserer Genesung sind wir sehr dankbar geworden. Durch Abstinenz und durch das Arbeiten der Zwölf Schritte von Narcotics Anonymous ist unser Leben nützlich geworden.

Wir wissen, daß wir niemals geheilt sein werden und daß wir unsere Krankheit für den Rest unseres Lebens in uns tragen. Wir sind krank, aber wir genesen. Jeden Tag wird uns eine neue Chance gegeben. Wir sind davon überzeugt, daß es für uns nur einen Weg zu leben gibt, und dies ist der NA-Weg.

KAPITEL ZWEI

WAS BEDEUTET DAS NARCOTICS ANONYMOUS PROGRAMM?

NA ist eine gemeinnützige Gemeinschaft von Männern und Frauen, für die Drogen zum Hauptproblem geworden sind. Wir sind Süchtige auf dem Weg der Genesung, die regelmäßig zusammenkommen und sich gegenseitig helfen, clean zu bleiben. Dies ist ein Programm völliger Abstinenz von allen Drogen. Es gibt nur eine einzige Voraussetzung für die Zugehörigkeit: das Verlangen mit Drogen aufzuhören. Wir empfehlen Dir, aufgeschlossen zu sein und Bereitschaft zu zeigen. Unser Programm besteht aus bestimmten Grundsätzen, die so einfach sind, daß wir ihnen in unserem täglichen Leben folgen können. Das Wichtigste daran ist — sie funktionieren.

Mit NA sind keinerlei Verpflichtungen verbunden. Wir sind unabhängig von anderen Organisationen, wir haben keine Aufnahmegebühren oder Mitgliedsbeiträge, keine Verpflichtungen zu unterschreiben, und niemandem müssen Versprechen gemacht werden. Wir haben keine Verbindungen zu Justizbehörden, politischen oder religiösen Gruppen und stehen niemals unter Aufsicht. Mitmachen können alle, ohne Rücksicht auf Alter, Rasse, sexuelle Identität, Glauben, Religion oder fehlende Religionszugehörigkeit.

Uns interessiert weder, welche oder wieviel Drogen Du genommen hast, wie Du Dir Deine Suchtmittel beschafft hast, was Du in der Vergangenheit getan hast, noch wie viel oder wie wenig Du besitzt. Uns interessiert einzig und allein, wie Du Dein Problem angehen willst und wie wir Dir dabei helfen können. Die Neuankömmlinge sind, die wichtigsten Personen bei jedem Meeting, denn wir können nur bewahren, was wir haben, indem wir es weitergeben. Aus unseren Gruppenerfahrungen haben wir gelernt, daß diejenigen, die regelmäßig zu unseren Meetings kommen, clean bleiben.

Narcotics Anonymous ist eine Gemeinschaft von Männern und Frauen, die lernen, ohne Drogen zu leben. Wir sind eine gemeinnützige Gemeinschaft ohne Gebühren oder Beiträge irgendwelcher Art. Jeder von uns hat den Preis der Mitgliedschaft bezahlt. Wir bezahlten für das Recht zu genesen mit unseren Schmerzen.

Wir sind Süchtige, die sich regelmäßig treffen und aller Voraussagen zum Trotz überleben. Wir sind empfänglich für ehrliches Teilen, gehen darauf ein und hören in den Geschichten unserer NA-Freunde und -Freundinnen die Botschaft der Genesung. Wir erkennen, daß es letzten Endes doch Hoffnung für uns gibt.

Wir nutzen die Hilfsmittel, die auch für andere genesende Süchtige funktionierten, die durch NA gelernt haben, ohne Drogen zu leben. Die Zwölf Schritte sind positive Hilfsmittel, die unsere Genesung ermöglichen. Unser vorrangiges Anliegen ist es, clean zu bleiben und die Botschaft an die Süchtigen weiterzutragen, die immer noch leiden. Wir sind miteinander verbunden durch unser gemeinsames Problem der Sucht. Indem wir uns treffen, miteinander sprechen und anderen Süchtigen helfen, ist es uns möglich, clean zu bleiben. Die Neuankömmlinge sind die wichtigsten Personen in jedem Meeting, da wir nur bewahren können, was wir haben, indem wir es weitergeben.

Narcotics Anonymous verfügt über viele Jahre Erfahrung mit buchstäblich hunderttausenden von Süchtigen. Diese Erfahrung aus erster Hand in allen Abschnitten der Krankheit und Genesung ist von unvergleichlichem therapeutischem Wert. Wir sind da, um bereitwillig mit allen Süchtigen, die genesen möchten, zu teilen.

Unsere Botschaft der Genesung beruht auf unserer Erfahrung. Bevor wir in die Gemeinschaft kamen, verausgabten wir uns, indem wir versuchten, erfolgreich Drogen zu nehmen und wunderten uns, was denn mit uns nicht in Ordnung sei. Nachdem wir zu NA gekommen waren, fanden wir uns inmitten einer ganz besonderen Gruppe von Leuten wieder, die so wie wir gelitten und Genesung gefunden hatten. In ihren freimütig mit uns geteilten Erfahrungen fanden wir Hoffnung. Wenn das Programm für sie funktionierte, so würde es auch für uns funktionieren.

Die einzige Voraussetzung für die Zugehörigkeit ist das Verlangen, mit Drogen aufzuhören. Wir konnten feststellen, daß das Programm für alle Süchtigen, die den ehrlichen und aufrichtigen Wunsch haben aufzuhören, funktioniert. Wir brauchen nicht clean zu sein, wenn wir zu NA kommen, doch nach dem ersten Meeting empfehlen wir Neuankömmlingen, wiederzukommen und clean wiederzukommen. Wir brauchen nicht auf eine Überdosis oder auf eine Gefängnisstrafe zu warten, um Hilfe von Narcotics Anonymous zu bekommen. Sucht ist kein hoffnungsloser Zustand, von dem keine Genesung möglich ist.

Wir treffen Süchtige, die so sind wie wir, und die clean sind. Wir sehen, hören und erkennen, daß sie einen Weg gefunden haben, ein Leben ohne Drogen zu führen und zu genießen. Wir müssen uns nicht mit den Beschränkungen der Vergangenheit abfinden. Wir können unsere alten Gedanken wieder und wieder überprüfen. Wir können sie ständig verbessern oder durch neue ersetzen. Wir sind Männer und Frauen, die entdeckt und zugegeben haben, daß sie ihrer Sucht gegenüber machtlos sind. Wenn wir Drogen nehmen, verlieren wir.

Als wir entdeckten, daß wir weder mit noch ohne Drogen leben konnten, suchten wir Hilfe bei NA, anstatt unser Leiden zu verlängern. Das Programm bewirkt ein Wunder in unserem

Leben. Wir werden andere Menschen. Das Arbeiten in den Schritten und die Aufrechterhaltung unserer Abstinenz geben uns eine tägliche Atempause von unserem selbst auferlegten Strafmaß: lebenslänglich. Wir werden frei zu leben.

Wir möchten, daß unser Ort der Genesung ein sicherer Ort ist, frei von äußeren Einflüssen. Zum Schutze der Gemeinschaft bestehen wir darauf, daß zu unseren Meetings keine Drogen oder Zubehör mitgebracht werden.

Wir fühlen uns völlig frei, uns innerhalb der Gemeinschaft mitzuteilen, da wir keinerlei Verbindungen zu Justiz und Polizei haben. In unseren Meetings herrscht eine Atmosphäre der Einfühlsamkeit. In Übereinstimmung mit den Grundsätzen der Genesung versuchen wir, einander nicht zu beurteilen, festzulegen oder moralisch zu belehren. Wir werden nicht angeworben, und unsere Mitgliedschaft ist kostenlos. NA bietet keine beratenden oder sozialen Dienstleistungen an.

Unsere Meetings sind ein Prozeß der Identifikation, der Hoffnung und des Miteinander-Teilens. Wenn zwei Süchtige ihre Genesung teilen, dann schlägt das Herz von NA. Was wir tun, wird zur Wirklichkeit für uns, wenn wir es teilen. Während unserer regelmäßigen Meetings geschieht dies in einem größeren Rahmen. Ein Meeting findet dann statt, wenn zwei oder mehrere Süchtige zusammenkommen, um einander zu helfen, clean zu bleiben.

Zu Beginn des Meetings lesen wir NA-Literatur, die für alle zugänglich ist. Einige Meetings haben Sprecher oder Sprecherinnen, Erfahrungsaustausch zu bestimmten Themen oder auch beides. Geschlossene Meetings sind für Süchtige oder diejenigen, die glauben, sie könnten ein Drogenproblem haben. In offenen Meetings sind alle willkommen, die Erfahrungen mit unserer Gemeinschaft sammeln möchten. Die Atmosphäre der Genesung ist durch unsere Zwölf Traditionen geschützt. Unsere Gemeinschaft trägt sich in vollem Umfang selbst durch freiwillige Beiträge unserer Mitglieder. Wir bleiben unabhängig, ganz gleich, wo unsere Meetings auch stattfinden. Die Meetings geben uns den Raum, um uns mit anderen Süchtigen zu treffen.

Alles, was wir zu einem Meeting brauchen, sind zwei Süchtige, die füreinander da sind und miteinander teilen.

Wir lassen neue Ideen in uns einfließen. Wir stellen Fragen. Wir teilen, was wir über das Leben ohne Drogen gelernt haben. Wenn auch die Prinzipien der Zwölf Schritte uns zunächst seltsam erscheinen mögen, das wichtigste an ihnen ist, daß sie funktionieren. Unser Programm ist eine Lebensweise. Indem wir zu Meetings gehen, NA-Literatur lesen und die Schritte arbeiten, lernen wir den Wert spiritueller Prinzipien, wie beispielsweise Kapitulation, Demut und Dienen. Wir stellen fest, daß sich unser Leben kontinuierlich verbessert, wenn wir die Abstinenz von bewußtseins- und stimmungsverändernden Drogen aufrechterhalten und zur Unterstützung unserer Genesung die Zwölf Schritte arbeiten. Dieses Programm zu leben, gibt uns eine Beziehung zu einer Macht, größer als wir selbst, korrigiert Fehler und führt uns dahin, anderen zu helfen. Wo Unrecht geschehen ist, lehrt uns das Programm, Vergebung zu üben.

Viele Bücher sind über das Wesen der Sucht geschrieben worden. In diesem Buch geht es um Genesung. Wenn Du süchtig bist und dieses Buch gefunden hast, gib Dir eine Chance und lies es.

KAPITEL DREI

WARUM SIND WIR HIER?

Bevor wir zu NA kamen, konnten wir unser eigenes Leben nicht meistern. Wir konnten nicht so leben wie andere Menschen, konnten unser Leben nicht genießen. Wir mußten etwas anderes haben und glaubten, es in den Drogen gefunden zu haben. Wir gaben Drogen den Vorrang vor dem Wohl unserer Familien, unserer Frauen, Männer und Kinder. Wir mußten Drogen haben — um jeden Preis. Wir fügten vielen Menschen großen Schaden zu, am meisten jedoch schadeten wir uns selbst. Durch unsere Unfähigkeit, persönliche Verantwortung zu übernehmen, schufen wir letztendlich unsere eigenen Probleme. Wir waren anscheinend unfähig, uns dem Leben und der Wirklichkeit zu stellen.

Die meisten von uns merkten, daß wir mit unserer Sucht langsam Selbstmord begingen; Sucht ist jedoch ein so tückischer Feind des Lebens, daß wir die Macht verloren hatten, etwas dagegen zu tun. Viele von uns landeten im Gefängnis oder suchten Hilfe durch Medizin, Religion und Psychiatrie. Keiner dieser Wege erwies sich als ausreichend. Unsere Krankheit brach immer wieder durch oder schritt weiter voran, bis wir in Verzweiflung Hilfe durch Selbsthilfe suchten: in Narcotics Anonymous.

Nachdem wir zu NA gekommen waren, begriffen wir, daß wir kranke Menschen waren. Wir litten an einer Krankheit, für die es keine Heilung gibt. Sie kann jedoch an einem gewissen Punkt zum Stillstand gebracht werden, und dann ist Genesung möglich.

Wir sind Süchtige, die Genesung suchen. Wir nahmen Drogen, um unsere Gefühle zu verbergen und taten alles Notwendige, um Drogen zu bekommen. Viele von uns wachten mit Entzugserscheinungen auf und konnten gar nicht oder nur unter Drogen zur Arbeit gehen. Viele von uns stahlen, um unseren Drogenkonsum zu finanzieren. Wir verletzten diejenigen, die wir liebten. Wir taten all dies und sagten uns dabei: "Ich hab's im Griff." Wir suchten nach einem Ausweg. Wir konnten uns dem Leben zu seinen Bedingungen nicht stellen. Am Anfang machte das Drogennehmen Spaß. Dann wurde es für uns zur Gewohnheit und schließlich lebensnotwendig. Es war für uns nicht erkennbar, daß die Krankheit fortschritt. Wir gingen weiter auf dem Weg der Zerstörung und sahen nicht, wohin er uns führte. Wir waren Süchtige und wußten es nicht. Mit Drogen versuchten wir, der Wirklichkeit, dem Schmerz und dem Elend zu entfliehen. Als die Wirkung der Drogen nachließ, erkannten wir, daß dieselben Probleme sogar noch schlimmer geworden waren. Wir suchten Linderung, indem wir wieder und wieder Drogen nahmen — immer mehr und immer öfter.

Wir suchten Hilfe und fanden keine. Häufig verstanden Ärzte unsere aussichtslose Lage nicht. Sie versuchten, uns mit Medikamenten zu helfen. Unsere Familien und engere Freundinnen und Freunde gaben ihr Bestes und verausgabten sich, in der Hoffnung, daß wir keine Drogen mehr nehmen würden oder unser Zustand sich bessern würde. Wir versuchten, von einer Droge auf eine andere umzusteigen, aber das verlängerte nur noch unseren Schmerz. Die Versuche, unseren Gebrauch auf ein soziales Maß zu reduzieren, waren erfolglos. Es gibt keine Süchtigen, die das können. Einige von uns suchten die Antwort bei Kirchen, Religionen oder Sekten. Manche suchten Heilung durch einen Ortswechsel. Wir machten unsere Umgebung und unsere Lebensverhältnisse für unsere Probleme verantwortlich. Dieser Versuch, unsere Probleme durch einen Umzug zu lösen, gab uns die

Möglichkeit, neue Leute auszunutzen. Einige von uns suchten Anerkennung durch Sex oder indem sie ihre Freundinnen und Freunde wechselten. Dieses auf Anerkennung ausgerichtete Verhalten trieb uns tiefer in die Sucht. Egal, ob wir heirateten, uns scheiden ließen oder andere im Stich ließen, was wir auch versuchten, wir konnten unserer Krankheit nicht entkommen.

Wir erreichten einen Punkt in unserem Leben, an dem wir uns als hoffnungsloser Fall fühlten. Für Familie, Freunde oder Arbeitgeber hatten wir nur wenig Wert. Viele von uns waren arbeitslos und außerstande zu arbeiten. Jede Form von Erfolg war beängstigend und ungewohnt. Wir wußten nicht, was wir tun sollten. Je mehr das Gefühl der Abscheu vor uns selbst wuchs, desto mehr Drogen brauchten wir, um unsere Gefühle zu maskieren. Wir hatten Schmerz und Schwierigkeiten satt. Wir hatten Angst und liefen vor der Angst davon. Egal, wie weit wir rannten, wir nahmen die Angst immer mit. Wir fühlten uns ohne Hoffnung, nutzlos und verloren. Versagen war zu unserem Lebensinhalt geworden und Selbstachtung nicht vorhanden. Verzweiflung war vielleicht das schmerzlichste aller Gefühle. Isolation und die Leugnung unserer Sucht ließen uns den Weg weiter bergab gehen. Alle Hoffnung auf Besserung ging uns verloren. Hilflosigkeit, Leere und Angst wurden zu unserer Lebensweise. Wir waren absolute Versager und Versagerinnen. Was wir wirklich brauchten, war eine Änderung unserer Persönlichkeit. Eine Abkehr von unseren selbstzerstörerischen Verhaltensmustern wurde notwendig. Wenn wir logen, betrogen oder stahlen, entwürdigten wir uns. Das Maß der Selbstzerstörung war voll. Wir erfuhren unsere Machtlosigkeit. Als nichts mehr unsere Paranoia und Angst lindern konnte, hatten wir unseren Tiefpunkt erreicht und waren bereit, um Hilfe zu bitten.

Wir waren auf der Suche nach einer Antwort und fanden Narcotics Anonymous. Wir kamen geschlagen zu unserem ersten NA-Meeting und wußten nicht, was uns erwarten würde. Nachdem wir in einem oder mehreren Meetings gesessen hatten, fingen wir an zu spüren, daß die Leute Anteil nahmen und bereit waren zu helfen. Obwohl unser Kopf sagte, daß wir es niemals schaffen würden, gaben uns die Leute in der Gemeinschaft Hoffnung, indem sie darauf beharrten, daß wir genesen konnten. Wir erkannten, was auch immer wir in der Vergangenheit gedacht und getan hatten, es gibt andere, die genauso gefühlt und gehandelt hatten. Umgeben von anderen Süchtigen stellten wir fest, daß wir nicht mehr allein waren. Genesung ist das, was in unseren Meetings geschieht. Unser Leben steht auf dem Spiel. Wir fanden heraus, daß das Programm funktioniert, wenn wir Genesung an die erste Stelle setzen. Wir wurden mit drei beunruhigenden Erkenntnissen konfrontiert:

1. Wir sind unserer Sucht gegenüber machtlos und können unser Leben nicht meistern;

2. Obwohl wir für unsere Krankheit nicht verantwortlich sind, sind wir verantwortlich für unsere Genesung;

3. Wir können Menschen, Orten oder Dingen nicht länger die Schuld für unsere Sucht geben. Wir müssen uns unseren Problemen und Gefühlen stellen.

Das entscheidende Hilfsmittel für die Genesung sind die genesenden Süchtigen. Wir konzentrieren uns auf Genesung und Gefühle und nicht auf das, was wir in der Vergangenheit getan haben. Alte Freunde und Freundinnen, Orte und Vorstellungen sind häufig eine Bedrohung für unsere Genesung. Wir müssen Spielgefährten, Spielgefährtinnen, Spielplätze und das Spielzeug wechseln.

Wenn wir feststellen, daß wir unfähig sind, ohne Drogen klarzukommen, entwickeln einige von uns sofort Depressionen, Angst, Feindseligkeit und Groll. Alltagsfrustrationen, kleinere Rückschläge und Einsamkeit geben uns oft das Gefühl, daß es uns nicht besser geht. Wir finden heraus, daß wir an einer Krankheit und nicht unter einer moralischen Schwäche leiden. Unser Krankheitszustand war kritisch, jedoch waren wir keine hoffnungslos schlechten Menschen. Unsere Krankheit kann nur durch Abstinenz zum Stillstand gebracht werden.

Heute erleben wir eine ganze Reihe von Gefühlen. Bevor wir in die Gemeinschaft kamen, fühlten wir uns entweder himmelhoch jauchzend oder zu Tode betrübt. Unser negatives Selbstgefühl ist durch ein positives Interesse an anderen Menschen ersetzt worden. Antworten stehen bereit, und Probleme werden gelöst. Es ist ein großes Geschenk, sich wieder als Mensch zu fühlen.

Was für ein Unterschied im Vergleich zu dem, wie wir früher waren! Wir wissen, das NA-Programm funktioniert. Das Programm überzeugte uns davon, daß wir uns selbst ändern mußten, anstatt zu versuchen, Menschen und Situationen um uns herum zu ändern. Wir entdeckten neue Möglichkeiten. Wir fanden etwas Selbstwert. Wir lernten Selbstachtung. Dies ist ein Programm des Lernens. Indem wir die Schritte arbeiten, kommen wir dazu, den Willen einer Höheren Macht anzunehmen. Annahme führt uns zur Genesung. Wir verlieren unsere Angst vor dem Unbekannten. Wir sind befreit.

KAPITEL VIER

WIE ES FUNKTIONIERT

Wenn Du willst, was wir anzubieten haben und bereit bist, den Versuch zu unternehmen, es zu bekommen, dann bist Du in der Lage, gewisse Schritte zu unternehmen. Hier sind die Schritte, die unsere Genesung ermöglicht haben.

1. *Wir gaben zu, daß wir unserer Sucht gegenüber machtlos waren und unser Leben nicht mehr meistern konnten.*

2. *Wir kamen zu dem Glauben, daß eine Macht, größer als wir selbst, unsere geistige Gesundheit wiederherstellen kann.*

3. *Wir trafen eine Entscheidung, unseren Willen und unser Leben der Fürsorge Gottes,* so wie wir Ihn verstanden, *anzuvertrauen.*

4. *Wir machten eine erforschende und furchtlose moralische Inventur von uns selbst.*

5. *Wir gestanden Gott, uns selbst und einem anderen Menschen gegenüber die genaue Art unserer Fehler ein.*

6. *Wir waren vorbehaltlos bereit, alle diese Charakterfehler von Gott beseitigen zu lassen.*

7. *Demütig baten wir Ihn, uns von diesen Mängeln zu befreien.*

8. *Wir machten eine Liste aller Personen, denen wir Schaden zugefügt hatten, und wurden bereit, ihn bei allen wiedergutzumachen.*

9. *Wir machten bei diesen Menschen alles wieder gut, wo immer es möglich war, es sei denn, wir hätten dadurch sie oder andere verletzt.*

10. *Wir setzten die persönliche Inventur fort, und wenn wir Fehler machten, gaben wir sie sofort zu.*

11. *Wir suchten durch Gebet und Meditation die bewußte Verbindung zu Gott,* wie wir Ihn verstanden, *zu vertiefen. Wir baten Ihn nur, uns seinen Willen erkennbar werden zu lassen und uns die Kraft zu geben, ihn auszuführen.*

12. *Nachdem wir als Ergebnis dieser Schritte ein spirituelles Erwachen erlebt hatten, versuchten wir, diese Botschaft an andere Süchtige weiterzugeben und unser tägliches Leben nach diesen Prinzipien auszurichten.*

Dies alles hört sich wie eine riesige Aufgabe an, und wir können dies sicherlich nicht auf einmal bewältigen. Wir wurden schließlich auch nicht in einem Tag süchtig, deshalb heißt es: Hab Geduld.

Etwas steht unserer Genesung mehr im Wege als alles andere, und das ist eine gleichgültige oder intolerante Einstellung gegenüber spirituellen Prinzipien. Drei davon sind Ehrlichkeit, Aufgeschlossenheit und Bereitschaft. Sie führen uns auf den richtigen Weg.

Wir glauben, daß unsere Art mit der Krankheit Sucht umzugehen, völlig realistisch ist: wenn Süchtige einander helfen, ist der therapeutische Wert unvergleichlich. Wir halten dies für einen praktischen Weg, denn niemand ist besser in der Lage, Süchtige zu verstehen und ihnen zu helfen, als andere Süchtige. Wir glauben, je eher wir uns unseren Problemen in unserer Gesellschaft und im täglichen Leben stellen, desto eher werden wir zu anerkannten, verantwortungsbewußten und produktiven Mitgliedern dieser Gesellschaft.

Der einzige Weg, der aktiven Sucht nicht erneut zu verfallen, ist die erste Droge nicht zu nehmen. Wenn es Dir so geht wie uns, weißt Du genau, daß schon ein Versuch zuviel ist und tausend niemals genug. Wir betonen dies sehr, denn wir wissen, egal auf welche Art und Weise wir Drogen nehmen, oder wenn wir auf Ersatzdrogen umsteigen, es kommt zu einem Rückfall in unsere alte Abhängigkeit.

Viele Süchtige wurden rückfällig, weil sie Alkohol nicht für eine Droge hielten. Bevor wir zu NA kamen, dachten viele von uns, Alkohol sei ein anderes Problem, aber solche Mißverständnisse können wir uns nicht leisten. Alkohol ist eine Droge. Wir haben die Krankheit Sucht und müssen uns aller Drogen enthalten, um zu genesen.

Dies sind einige der Fragen, die wir uns gestellt haben: Sind wir sicher, daß wir mit Drogen aufhören wollen? Sind wir uns im klaren darüber, daß wir keine wirkliche Kontrolle über Drogen haben? Erkennen wir, daß letztendlich nicht wir die Drogen, sondern die Drogen uns im Griff hatten? Übernahmen Gefängnisse und Anstalten zeitweise die Führung über unser Leben? Akzeptieren wir vorbehaltlos die Tatsache, daß all unsere Versuche, mit Drogen aufzuhören oder sie in den Griff zu bekommen, fehlschlugen? Wissen wir, daß unsere Sucht uns in Leute verwandelte, die wir nicht sein wollten: in unehrliche, falsche, eigenwillige Menschen im Streit mit uns selbst und unseren Mitmenschen? Glauben wir wirklich, daß wir als Drogenkonsumenten und Drogenkonsumentinnen gescheitert sind?

Als wir Drogen nahmen, wurde die Wirklichkeit so schmerzlich, daß wir es vorzogen, sie zu vergessen. Wir versuchten, andere Menschen von unserem Schmerz nichts wissen zu lassen. Wir sonderten uns ab und lebten in Gefängnissen, die wir aus unserer Einsamkeit errichteten. Aus dieser Verzweiflung heraus suchten wir Hilfe bei Narcotics Anonymous. Wenn wir zu NA kommen, sind wir körperlich, geistig und seelisch bankrott. Wir haben so lange gelitten, daß wir jetzt bereit sind, alles zu tun, um clean zu bleiben.

Unsere einzige Hoffnung ist, nach dem Beispiel derjenigen zu leben, die sich in unserer verzweifelten Lage befunden hatten und einen Ausweg gefunden haben. Egal, wer wir sind, woher wir kommen oder was wir getan haben, bei NA werden wir angenommen. Unsere Sucht gibt uns eine gemeinsame Basis für gegenseitiges Verstehen.

Als Ergebnis einiger Meetingsbesuche beginnen wir, uns endlich irgendwo zugehörig zu fühlen. In diesen Meetings werden wir mit den Zwölf Schritten von Narcotics Anonymous bekanntgemacht. Wir lernen, die Schritte der Reihe nach zu arbeiten und sie in unserem täglichen Leben anzuwenden. Die Schritte sind unsere Lösung. Sie sind unsere Überlebensausrüstung, unsere Verteidigung gegen die tödliche Krankheit Sucht. Unsere Schritte sind die Prinzipien, die unsere Genesung ermöglichen.

SCHRITT EINS

"Wir gaben zu, daß wir unserer Sucht gegenüber machtlos waren und unser Leben nicht mehr meistern konnten."

Es spielt keine Rolle, was oder wieviel wir nahmen. Clean zu bleiben muß bei Narcotics Anonymous an erster Stelle stehen. Wir erkennen, daß wir nicht gleichzeitig Drogen nehmen und leben können. Wenn wir unsere Machtlosigkeit und unsere Unfähigkeit, unser Leben zu meistern, zugeben, öffnen wir die Tür zur Genesung. Niemand konnte uns davon überzeugen, daß wir Süchtige waren. Dieses Eingeständnis müssen wir uns selbst gegenüber machen. Wenn einige von uns Zweifel haben, stellen wir uns die folgende Frage: "Bin ich in der Lage, meinen Gebrauch von bewußtseins- oder stimmungsverändernden Drogen, gleich welcher Art, zu kontrollieren?".

Schon in dem Moment, wo Kontrolle vorgeschlagen wird, bzw. angebracht erscheint, werden die meisten Süchtigen sehen, daß dies nicht möglich ist. Wie immer das Ergebnis auch ausfallen mag, so stellen wir doch fest, daß wir unseren Drogengebrauch nicht für längere Zeit kontrollieren können.

Das weist klar darauf hin, daß Süchtige keine Kontrolle über Drogen haben. Machtlosigkeit bedeutet, gegen unseren Willen Drogen zu nehmen. Wenn wir nicht aufhören können, wie können wir uns dann einreden, alles unter Kontrolle zu haben? Die Unfähigkeit, mit dem Drogennehmen aufzuhören, selbst mit größter Willenskraft und dem aufrichtigsten Wunsch, das ist es, was wir meinen, wenn wir sagen: "Wir haben absolut keine Wahl." Wir haben erst dann eine Wahl, wenn wir mit dem Versuch aufhören, unseren Drogengebrauch zu rechtfertigen.

Wir sind nicht voll überschäumender Liebe, Ehrlichkeit, Aufgeschlossenheit oder Bereitschaft in diese Gemeinschaft gestolpert. Wir hatten einen Punkt erreicht, an dem wir aufgrund von körperlichem, geistigem und seelischem Schmerz nicht mehr weiter Drogen nehmen konnten. Als wir geschlagen waren, wurden wir bereit.

Unsere Unfähigkeit, kontrolliert Drogen zu nehmen, ist ein Symptom der Krankheit Sucht. Wir sind machtlos, nicht nur im Hinblick auf Drogen, sondern auch unserer Sucht gegenüber. Wir müssen uns diese Tatsache eingestehen, um zu genesen. Sucht ist eine körperliche, geistige und spirituelle Krankheit, die sich auf jeden Bereich unseres Lebens auswirkt.

Der körperliche Anteil unserer Krankheit ist das zwanghafte Nehmen von Drogen: die Unfähigkeit, mit dem Drogennehmen aufzuhören, wenn wir erst einmal damit begonnen haben. Der geistige Aspekt unserer Krankheit ist die Besessenheit oder der übermächtige Wunsch, Drogen zu nehmen, selbst wenn wir dadurch unser Leben zerstören. Der spirituelle Teil unserer

Krankheit liegt in unserer totalen Selbstbezogenheit. Wir meinten, daß wir aufhören konnten, wann immer wir wollten, ungeachtet aller gegenteiligen Anzeichen. Leugnung, Verdrängung, Rationalisierung, Rechtfertigung, Mißtrauen gegenüber anderen, Schuldgefühle, Verwirrung, Peinlichkeit, Selbstaufgabe, Erniedrigung, Vereinsamung und Kontrollverlust sind alles Ergebnisse unserer Krankheit. Unsere Krankheit ist fortschreitend, unheilbar und tödlich. Die meisten von uns sind erleichtert, wenn sie herausfinden, daß sie eine Krankheit und nicht eine moralische Schwäche haben.

Wir sind nicht verantwortlich für unsere Krankheit, aber wir sind verantwortlich für unsere Genesung. Die meisten von uns versuchten, alleine aufzuhören, wir waren jedoch unfähig, sowohl mit, als auch ohne Drogen zu leben. Schließlich erkannten wir, daß wir über unsere Sucht machtlos waren.

Viele von uns versuchten, mit bloßer Willenskraft mit dem Drogennehmen aufzuhören. Diese Versuche erwiesen sich als vorübergehende Lösungen. Wir erkannten, daß Willenskraft allein für längere Zeit nicht ausreichen würde. Wir probierten zahllose andere "Heilmittel" — Psychiater, Krankenhäuser, Therapieeinrichtungen, Liebesbeziehungen, neue Städte, einen neuen Arbeitsplatz. Alles, was wir unternahmen, schlug fehl. Wir fingen an zu erkennen, daß wir scheinbar vernünftige Erklärungen für den unglaublichsten Unsinn fanden, um so das Chaos zu rechtfertigen, welches Drogen in unserem Leben angerichtet hatten.

Solange wir unsere Vorbehalte, wie immer sie auch aussehen mögen, nicht loslassen, ist die Grundlage unserer Genesung gefährdet. Vorbehalte bringen uns um den Gewinn, den dieses Programm zu bieten hat. Indem wir uns von allen Vorbehalten befreien, kapitulieren wir. Nur dann kann uns bei der Genesung von der Krankheit Sucht geholfen werden.

Jetzt lautet die Frage: "Wenn wir machtlos sind, wie kann uns Narcotics Anonymous helfen?". Wir beginnen, indem wir um Hilfe bitten. Die Grundlage unseres Programms ist das

Eingeständnis, daß wir selbst keine Macht über die Sucht besitzen. Wenn wir dies akzeptieren können, dann haben wir den ersten Teil des ersten Schrittes vollendet.

Ein zweites Eingeständnis muß gemacht werden, damit die Grundlage vollständig wird; denn wenn wir hier aufhören, werden wir nur die halbe Wahrheit kennen. Wir sind stark, wenn es darum geht, die Wahrheit zu manipulieren. Wir können auf der einen Seite sagen:"Ja, ich bin machtlos über meine Sucht" und auf der anderen Seite: "Wenn ich mein Leben in den Griff bekomme, kann ich auch mit Drogen umgehen". Solche Gedanken und Handlungen führen uns zurück zur aktiven Sucht. Wir sind niemals auf den Gedanken gekommen zu fragen:"Wenn wir unsere Sucht nicht kontrollieren können, wie können wir dann Kontrolle über unser Leben haben?". Ohne Drogen fühlten wir uns elend, und wir konnten unser Leben nicht meistern.

Arbeitsunfähigkeit, Selbstaufgabe und Zerstörung sind leicht als Merkmale eines Lebens, das nicht zu meistern ist, zu erkennen. In den meisten Fällen sind unsere Familien durch unsere Handlungen enttäuscht, vor den Kopf gestoßen oder verwirrt, und oft verlassen oder verstoßen sie uns. Wenn wir eine Arbeit finden, von der Gesellschaft akzeptiert werden und wieder zu unseren Familien zurückfinden, so bedeutet dies nicht, daß wir unser Leben meistern können. Gesellschaftliche Anerkennung ist nicht gleichzusetzen mit Genesung.

Wir haben herausgefunden, daß wir keine andere Wahl hatten, entweder wir änderten völlig unsere alte Denkweise, oder wir nahmen wieder Drogen. Wenn wir unser Bestes geben, dann funktioniert es für uns, so wie es für andere funktioniert hat. Als wir unsere alte Art zu leben nicht länger ertragen konnten, begannen wir, uns zu ändern. Von diesem Punkt an konnten wir erkennen, daß jeder Tag, an dem wir clean bleiben, ein erfolgreicher Tag ist, unabhängig davon, was passiert. Kapitulieren bedeutet, nicht länger kämpfen zu müssen. Wir akzeptieren unsere Sucht und das Leben, wie es ist. Wir wurden bereit, all das zu tun, was notwendig ist, um clean zu bleiben, selbst wenn es sich um Dinge handelt, die wir ungern tun.

Solange wir den Ersten Schritt nicht gemacht hatten, waren wir voller Angst und Zweifel. An diesem Punkt fühlten sich viele von uns verloren und verwirrt. Wir fühlten uns anders. Indem wir diesen Schritt arbeiten, bestätigen wir, daß wir uns den NA-Prinzipien anvertrauen. Nur nach einer Kapitulation sind wir in der Lage, die Entfremdung der Sucht zu überwinden. Hilfe für Süchtige setzt erst dann ein, wenn wir fähig sind, die totale Niederlage einzugestehen. Das kann beängstigend sein, aber es ist die Grundlage, auf der wir unser Leben aufbauen.

Schritt Eins bedeutet, daß wir keine Drogen nehmen müssen, und dies ist eine große Freiheit. Für manche von uns dauerte es einige Zeit, bis sie erkannten, daß sie ihr Leben nicht mehr meistern konnten. Ihr Leben nicht meistern zu können, war für andere hingegen die einzige Sache, die klar war. In unserem Innersten wußten wir, daß Drogen die Macht hatten, uns in Menschen zu verwandeln, die wir nicht sein wollten.

Indem wir clean sind und diesen Schritt arbeiten, werden wir von unseren Ketten befreit. Keiner dieser Schritte wirkt jedoch durch Zauberei. Wir sprechen nicht nur die Worte dieses Schrittes nach; wir lernen, sie zu leben. Wir finden selbst heraus, daß das Programm uns etwas zu geben hat.

Wir haben Hoffnung gefunden. Wir können lernen, in der Welt, in der wir leben, zurechtzukommen. Wir können einen Sinn und Zweck im Leben finden und vor Wahnsinn, Verkommenheit und Tod gerettet werden.

Wenn wir unsere Machtlosigkeit und die Unfähigkeit, unser Leben zu meistern, eingestehen, öffnen wir die Tür für eine Macht, größer als wir selbst, uns zu helfen. Es zählt nicht, wo wir waren, sondern wohin wir gehen.

SCHRITT ZWEI

"Wir kamen zu dem Glauben, daß eine Macht, größer als wir selbst, unsere geistige Gesundheit wiederherstellen kann."

Wenn wir anhaltende Genesung erreichen wollen, ist der Zweite Schritt unumgänglich. Aus dem Ersten Schritt entsteht die Notwendigkeit, an etwas zu glauben, das uns in unserer Machtlosigkeit, Nutzlosigkeit und Hilflosigkeit helfen kann.

Der Erste Schritt hat ein Vakuum in unserem Leben hinterlassen. Wir müssen etwas finden, das diese Leere ausfüllt. Das ist das Ziel des Zweiten Schritts.

Manche von uns nahmen diesen Schritt zunächst nicht ernst; wir gingen mit einem Minimum an Interesse darüber hinweg, mußten dann jedoch feststellen, daß die darauffolgenden Schritte nicht funktionierten, bis wir den Zweiten Schritt gearbeitet hatten. Selbst wenn manche von uns zugaben, Hilfe bei ihrem Drogenproblem zu benötigen, leugneten viele von uns das Bedürfnis nach Vertrauen und geistiger Gesundheit.

Wir haben eine Krankheit: fortschreitend, unheilbar und tödlich. Egal wie, wir kauften unsere Zerstörung auf Raten! Wir alle, angefangen vom Junkie, der Handtaschen raubt, bis zur netten alten Dame, die sich bei zwei oder drei Ärzten ein legales Rezept ausstellen läßt, haben etwas gemeinsam: Wir suchen unsere Zerstörung immer wieder auf's neue, mit einem Druck, mit einigen Tabletten oder mit einer Flasche, solange, bis wir sterben. Dies ist zumindest ein Teil des Wahnsinns der Sucht. Der Preis scheint für die Süchtigen, die sich für eine Spritze prostituieren, höher zu sein als für Süchtige, die "nur" den Arzt belügen. Am Ende bezahlen alle für ihre Krankheit mit dem Leben. Wahnsinn ist, immer wieder die gleichen Fehler zu machen und unterschiedliche Ergebnisse zu erwarten.

Wenn wir in das Programm kommen, erkennen viele von uns, daß wir immer wieder Drogen nahmen, obwohl wir wußten, daß wir unser Leben zerstörten. Wahnsinn ist, täglich Drogen zu nehmen, obwohl wir wissen, daß ausschließlich körperlicher und geistiger Verfall folgt. Der offensichtlichste Teil des Wahnsinns der Krankheit Sucht ist die Besessenheit, Drogen nehmen zu müssen.

Glaubst Du nicht, daß es verrückt wäre, auf jemanden zuzugehen und zu sagen: "Kann ich bitte einen Herzinfarkt oder einen tödlichen Unfall haben?" Wenn Du zustimmst, daß dies Wahnsinn ist, dürftest Du mit dem Zweiten Schritt keine Schwierigkeiten haben.

Das erste, was wir in diesem Programm tun, ist mit Drogen aufzuhören. An diesem Punkt fangen wir an zu fühlen, wie schmerzhaft das Leben ohne Drogen oder irgendeinen Ersatz ist. Der Schmerz zwingt uns, nach einer Macht zu suchen, die größer ist als wir selbst, und die uns von der Besessenheit, Drogen zu nehmen, erlösen kann.

Der Prozeß, der zu einem Glauben führt, ist für die meisten Süchtigen ähnlich. Vielen fehlte eine funktionierende Verbindung zu einer Höheren Macht. Wir fangen an, diese Verbindung zu entwickeln, indem wir einfach die Möglichkeit der Existenz einer Macht, die größer ist als wir selbst, eingestehen. Die meisten von uns haben keine Schwierigkeiten zuzugeben, daß die Sucht zu einer zerstörerischen Kraft in ihrem Leben geworden war. Alle unsere Bemühungen endeten jedesmal in größerer Zerstörung und Verzweiflung. Irgendwann erkannten wir, daß wir die Hilfe einer Macht brauchen, die größer ist als unsere Sucht. Was wir unter einer Höheren Macht verstehen, bleibt uns selbst überlassen. Niemand wird für uns entscheiden. Wir können es Gruppe nennen, Programm oder auch Gott. Die einzige Empfehlung ist, daß diese Macht liebend, fürsorglich und größer als wir selbst ist. Um diese Vorstellung anzunehmen, brauchen wir nicht religiös zu sein. Es geht darum, daß wir uns dem Glauben öffnen. Dies ist möglicherweise schwierig, aber indem wir offen bleiben, werden wir früher oder später die Hilfe erhalten, die wir brauchen.

Wir redeten mit anderen und hörten ihnen zu. Wir sahen andere genesen, und sie erzählten uns, was für sie funktionierte.

Wir begannen die Gegenwart irgendeiner Macht, die nicht vollständig erklärt werden konnte, wahrzunehmen. Damit konfrontiert, fingen wir an, die Existenz einer Macht, die größer ist als wir selbst, anzunehmen. Wir können diese Macht einsetzen, lange bevor wir sie verstehen.

Während wir sehen, wie Zufälle und Wunder in unserem Leben geschehen, wandelt sich die Annahme in Vertrauen. Wir fangen an, uns mit unserer Höheren Macht als Quelle der Kraft behaglich zu fühlen. In dem Maße, in dem wir lernen, dieser Macht zu vertrauen, beginnen wir unsere Angst vor dem Leben zu überwinden.

Während wir unseren Glauben finden, wird unsere geistige Gesundheit wiederhergestellt. Die Kraft zu handeln entsteht aus diesem Glauben. Wir müssen diesen Schritt annehmen, um den Weg der Genesung beginnen zu können. Wenn unser Glaube gewachsen ist, sind wir bereit für den Dritten Schritt.

SCHRITT DREI

> "*Wir trafen eine Entscheidung, unseren Willen und unser Leben der Fürsorge Gottes,* so wie wir Ihn verstanden, *anzuvertrauen.*"

Als Süchtige haben wir oft unseren Willen und unser Leben in die Hand einer zerstörerischen Macht gelegt. Unser Wille und unser Leben wurden durch Drogen kontrolliert. Unser Verlangen nach sofortiger Befriedigung unserer Bedürfnisse, das durch Drogen gestillt wurde, hielt uns gefangen. Während dieser Zeit war unser gesamtes Wesen – Körper, Geist und Seele – durch Drogen beherrscht. Eine Zeitlang war dies angenehm, dann schwand die Euphorie, und wir sahen die häßliche Seite der Sucht. Wir erkannten, je stärker das Hoch, das wir durch Drogen erhielten, desto schlimmer das Tief, in das wir stürzten. Es gab für uns zwei Möglichkeiten: entweder durchlitten wir den Schmerz des Entzugs, oder wir nahmen mehr Drogen.

Für alle von uns kam der Tag, an dem es keine Wahl mehr gab; wir mußten Drogen nehmen. Wir hatten unseren Willen und unser Leben unserer Sucht geopfert und suchten in äußerster Verzweiflung nach einem anderen Weg. Bei Narcotics Anonymous entscheiden wir uns, unseren Willen und unser Leben der Fürsorge Gottes, so wie wir Ihn verstehen, anzuvertrauen. Dies ist ein riesiger Schritt. Wir brauchen nicht religiös zu sein; alle können diesen Schritt machen. Alles, was erforderlich ist, ist Bereitschaft. Allein wesentlich ist, daß wir die Tür für eine Macht, größer als wir selbst, öffnen.

Unsere Vorstellung von Gott wird nicht von einem Dogma bestimmt, sondern von dem, was wir glauben und was für uns funktioniert. Viele von uns verstehen Gott einfach als eine Kraft, die uns clean hält. Das Recht auf einen Gott nach Deinem eigenen Verständnis ist unbegrenzt und ohne Einschränkung. Weil wir dieses Recht haben, ist es notwendig, ehrlich mit unserem Glauben zu sein, um spirituell zu wachsen.

Alles, was wir tun mußten, war, es zu versuchen. Als wir unser Bestes gaben, funktionierte das Programm für uns, wie es für zahllose andere funktioniert hatte. Der Dritte Schritt sagt nicht: "Wir vertrauten unseren Willen und unser Leben der Fürsorge Gottes an." Er sagt: "*Wir trafen eine Entscheidung, unseren Willen und unser Leben der Fürsorge Gottes,* so wie wir Ihn verstanden, *anzuvertrauen.*" Wir waren es, die die Entscheidung trafen; sie wurde nicht für uns durch Drogen, von unseren Familien, einem Bewährungshelfer, einer Richterin, einem Therapeuten oder einer Ärztin getroffen. Wir trafen sie! Zum ersten Mal seit dem Zeitpunkt, an dem wir unseren ersten Drogenrausch erlebten, trafen wir selbst für uns eine Entscheidung.

Das Wort Entscheidung bedeutet handeln. Diese Entscheidung beruht auf Vertrauen. Wir brauchen nur zu glauben, daß das Wunder, das wir im Leben von clean gewordenen Süchtigen sehen, allen Süchtigen geschehen kann, die das Verlangen haben, sich zu ändern. Wir stellen einfach fest, daß es eine Kraft des spirituellen Wachstums gibt, die uns helfen kann, toleranter, geduldiger und nützlicher zu sein, wenn es darum geht, anderen zu helfen. Viele von uns haben gesagt "Nimm meinen Willen und mein Leben. Führe mich auf dem Wege meiner Genesung. Zeig mir, wie ich leben kann." Die Erleichterung von "loslassen und Gott überlassen" hilft uns, ein Leben aufzubauen, das sich lohnt zu leben.

Uns dem Willen unserer Höheren Macht zu überlassen, wird durch tägliche Übung einfacher. Wenn wir es ehrlich versuchen, funktioniert es. Viele von uns beginnen ihren Tag mit einer einfachen Bitte um Führung an unsere Höhere Macht.

Obwohl wir wissen, daß das "Abgeben" funktioniert, kann es immer noch geschehen, daß wir unseren Willen und unser Leben wieder zurücknehmen. Es kann sogar sein, daß wir wütend werden, weil Gott dies erlaubt. Es gibt Zeitpunkte während unserer Genesung, in denen die Entscheidung, um Gottes Hilfe zu bitten, unsere größte Quelle der Kraft und des Mutes ist. Wir können diese Entscheidung nicht oft genug treffen. Ruhig kapitulieren wir und stellen uns unter die Fürsorge Gottes, so wie wir Gott verstehen.

Zunächst drehte sich für uns alles um die Frage: "Was wird geschehen, wenn ich mein Leben abgebe? Werde ich dann zu einem "perfekten" Menschen?" Wahrscheinlich waren wir doch etwas realistischer. Einige von uns mußten sich an ein erfahrenes NA-Mitglied wenden, um die Frage zu stellen: "Wie war es für Dich?" Die Antwort unterscheidet sich von Mitglied zu Mitglied. Die meisten von uns spüren, daß Offenheit, Bereitschaft und Kapitulation die Schlüssel zu diesem Schritt sind.

Wir haben unseren Willen und unser Leben einer Macht anvertraut, die größer ist als wir selbst. Wenn wir gewissenhaft und ehrlich sind, werden wir eine Wende zum Besseren feststellen. Indem wir die wahre Bedeutung von Kapitulation erfahren, wächst unser Vertrauen, und unsere Ängste verringern sich. Wir kämpfen nicht mehr gegen Angst, Zorn, Schuld, Selbstmitleid oder Depressionen an. Wir erkennen, daß die Macht, die uns in dieses Programm gebracht hat, immer noch bei uns ist und uns weiterhin führen wird, wenn wir es Ihr nur gestatten. Langsam beginnen wir, die lähmende Angst der Hoffnungslosigkeit zu verlieren. Der Beweis für diesen Schritt zeigt sich in der Art unseres Lebens.

Es bereitet uns nunmehr Freude, clean zu leben, und wir möchten mehr von dem Positiven, das die NA-Gemeinschaft für uns bereithält. Wir wissen jetzt, daß wir in unserem spirituellen Programm keine Pause einlegen können; wir möchten alles, was wir bekommen können.

Jetzt sind wir soweit, unsere erste ehrliche Selbstbewertung in Angriff zu nehmen, und wir beginnen mit dem Vierten Schritt.

SCHRITT VIER

"Wir machten eine erforschende und furchtlose moralische Inventur von uns selbst."

Der Zweck einer erforschenden und furchtlosen moralischen Inventur ist, die Verwirrungen und Widersprüche in unserem Leben zu sortieren, um herausfinden zu können, wer wir wirklich sind. Wir beginnen ein neues Leben und müssen uns von der Last und den Verstrickungen befreien, die uns kontrollierten und unser Wachstum verhinderten.

Wenn wir diesen Schritt angehen, befürchten viele von uns, ein Monster in sich zu haben, das sie zerstört, wenn es erst einmal befreit wird. Diese Angst kann dazu führen, daß wir unsere Inventur aufschieben. Sie kann uns sogar ganz davon abhalten, diesen entscheidenden Schritt zu tun. Wir haben erfahren, daß Angst mangelndes Vertrauen ist und haben unseren eigenen liebenden Gott gefunden, an den wir uns wenden können. Wir brauchen keine Angst mehr zu haben.

Wir waren Expertinnen und Experten der Selbsttäuschung und vermeintlich vernünftiger Erklärungen. Indem wir unsere Inventur schreiben, können wir diese Hindernisse überwinden. Eine schriftliche Inventur erschließt Teile unseres Unterbewußtseins, die verborgen bleiben, wenn wir nur über uns nachdenken oder sprechen. Sobald es einmal zu Papier gebracht wurde, ist unser wahres Wesen leichter erkennbar und schwieriger zu leugnen. Eine aufrichtige Selbsteinschätzung ist einer der Schlüssel zu unserem neuen Leben.

Machen wir uns nichts vor: als wir Drogen nahmen, waren wir nicht ehrlich mit uns. Wir werden ehrlich, wenn wir uns eingestehen, daß die Sucht uns besiegt hat und daß wir Hilfe brauchen. Es dauerte lange, bis wir zugaben, daß wir geschlagen waren. Wir fanden heraus, daß wir nicht über Nacht körperlich, geistig und seelisch genesen. Der Vierte Schritt hilft uns auf dem Weg unserer Genesung. Die meisten von uns mußten erkennen, daß sie weder so schrecklich noch so wunderbar waren, wie sie dachten. Wir stellen mit Erstaunen fest, daß in unserer Inventur auch gute Punkte auftauchen. Alle, die eine Zeitlang im Programm sind und diesen Schritt gearbeitet haben, werden Dir sagen, daß der Vierte Schritt einen Wendepunkt in ihrem Leben darstellte.

Einige von uns machen den Fehler, den Vierten Schritt so anzugehen, als ginge es um das Eingeständnis, wie furchtbar wir sind — welch schlechte Menschen wir gewesen waren. In diesem neuen Lebensabschnitt kann es gefährlich sein, sich in Selbstmitleid zu baden. Dies ist nicht Zweck des Vierten Schrittes. Wir versuchen, uns von den alten, nutzlosen Mustern zu befreien. Wir machen den Vierten Schritt, um zu wachsen und Kraft und Einsicht zu gewinnen. Es gibt viele verschiedene Möglichkeiten, den Vierten Schritt anzugehen.

Der Erste, Zweite und Dritte Schritt bilden die notwendige Vorbereitung, um Vertrauen und Mut zu einer furchtlosen schriftlichen Inventur zu erhalten. Bevor wir mit dieser Inventur beginnen ist es ratsam, die ersten drei Schritte mit einem Sponsor oder einer Sponsorin durchzugehen. Wir werden sicherer in unserem Verständnis dieser Schritte und gestehen uns das Privileg zu, uns gut zu fühlen, bei dem, was wir tun. Lange Zeit schlugen wir uns herum und gelangten nirgendwo hin. Jetzt beginnen wir den Vierten Schritt und lassen unsere Angst los. Wir schreiben es einfach auf, so gut wie wir es zur Zeit können.

Wir müssen mit der Vergangenheit Schluß machen, nicht an ihr festklammern. Wir möchten unserer Vergangenheit gegenübertreten, sie als das erkennen, was sie tatsächlich war, und sie dann loslassen, damit wir heute leben können. Für die meisten von uns war die Vergangenheit ein böser Geist in der Flasche. Wir hatten Angst, die Flasche zu öffnen, denn wir fürchteten uns vor dem, was der Geist uns antun könnte. Wir brauchen nicht allein auf die Vergangenheit zurückzublicken. Unser Wille und unser Leben sind nun in den Händen unserer Höheren Macht.

Solange wir nach unserem eigenen Willen handelten, schien es unmöglich, eine gewissenhafte und ehrliche Inventur zu schreiben. Bevor wir schreiben, sammeln wir uns für einige Augenblicke und bitten um die Kraft, furchtlos und gewissenhaft zu sein.

Der Vierte Schritt bringt uns in Berührung mit uns selbst. Wir schreiben über das, was uns belastet, wie Schuld, Scham, Reue, Selbstmitleid, Groll, Zorn, Depression, Frustration, Verwirrung, Einsamkeit, Furcht, Verrat, Hoffnungslosigkeit, Versagen, Angst und Leugnung.

Wir schreiben über das, was uns hier und jetzt bedrückt. Wir neigen dazu, negativ zu denken; indem wir dies zu Papier bringen, erhalten wir die Chance, das, was geschieht, positiver zu betrachten.

Auch unsere Stärken müssen in Betracht gezogen werden, wenn wir ein genaues und vollständiges Bild von uns erhalten wollen. Dies ist für die meisten von uns außerordentlich schwierig, denn es ist nicht leicht zu akzeptieren, daß wir auch gute Eigenschaften haben. Wir alle haben Vorzüge. Viele davon wurden durch das Programm neu entdeckt, so z.B. Cleansein, Offenheit, spirituelles Bewußtsein, Ehrlichkeit anderen gegenüber, Annahme, positives Handeln, Teilen, Bereitschaft, Mut, Vertrauen, Anteilnahme, Dankbarkeit, Güte und

Großzügigkeit. Unsere Inventur enthält gewöhnlich auch Aussagen über unsere Beziehungen.

Wir prüfen unser vergangenes und gegenwärtiges Verhalten und erkennen, was wir behalten und was wir ablegen wollen. Niemand zwingt uns, unser Elend aufzugeben. Diesem Schritt wird nachgesagt, er sei sehr schwierig; in Wahrheit ist er ziemlich einfach.

Wir schreiben unsere Inventur, ohne an den Fünften Schritt zu denken. Wir arbeiten den Vierten Schritt so, als gäbe es keinen Fünften Schritt. Wir können alleine oder in der Nähe anderer Menschen schreiben; gut ist, was uns am besten erscheint. Wir können so viel oder so wenig wie nötig schreiben. Jemand mit Erfahrung kann helfen. Das Wichtigste ist, eine moralische Inventur zu schreiben. Wenn uns das Wort moralisch stört, können wir auch positiv/negativ Inventur sagen.

Eine Inventur kann nur geschrieben werden, indem wir sie schreiben! Wir werden keine Inventur schreiben, indem wir darüber nachdenken, sprechen oder Theorien darüber entwerfen. Wir setzen uns mit unserem Notizblock hin, bitten um Führung, nehmen unseren Stift und beginnen zu schreiben. Alles, was uns einfällt, ist Material für die Inventur. Wenn wir erkennen, wie wenig wir zu verlieren und wieviel wir zu gewinnen haben, fangen wir mit diesem Schritt an.

Eine Faustregel lautet, daß wir eher zuwenig, jedoch niemals zuviel schreiben können. Die Inventur wird zum jeweiligen Menschen passen. Vielleicht erscheint sie uns schwierig oder schmerzlich oder sogar auch unmöglich. Wir haben möglicherweise Angst, daß in Kontakt mit unseren Gefühlen zu sein, eine überwältigende Kettenreaktion von Schmerz und Panik auslösen könnte. Es mag sein, daß wir die Inventur aus Angst zu versagen erst gar nicht machen wollen. Wenn wir unsere Gefühle nicht beachten, wird die Spannung zu viel für uns. Die Angst vor dem drohenden Untergang ist so groß, daß sie unsere Angst vor einem Versagen übersteigt.

Eine Inventur bedeutet Erleichterung, denn der Schmerz, sie zu schreiben, ist geringer als der, dies nicht zu tun. Wir lernen, daß Schmerz eine treibende Kraft in der Genesung sein kann. Daher ist es unumgänglich, sich ihm zu stellen. Das Thema jedes Schritte-Meetings scheint der Vierte Schritt oder die Erstellung einer täglichen Inventur zu sein. Durch den Prozeß der Inventur können wir mit all den Dingen umgehen, die anfallen. Je mehr wir im Programm leben, desto häufiger scheint Gott uns in Situationen zu versetzen, in denen bestimmte Themen sichtbar werden. Wenn solch ein Thema auftaucht, schreiben wir darüber. Wir fangen an, uns unserer Genesung zu erfreuen, denn wir haben ein Mittel, um mit Scham, Schuld und Groll fertig zu werden.

Der alte Druck in uns weicht. Durch das Schreiben öffnet sich ein Ventil. Wir entscheiden, ob wir alles auspacken, rauswerfen oder wieder wegschließen wollen. Wir brauchen uns nicht länger damit zu belasten.

Wir setzen uns mit Papier und Bleistift hin und bitten Gott, uns die Mängel zu offenbaren, die uns Schmerz und Leid verursachen. Wir beten um den Mut, furchtlos und gründlich zu sein und daß diese Inventur helfen möge, unser Leben in Ordnung zu bringen. Wenn wir beten und handeln, geht es stets besser.

Wir werden nicht vollkommen werden. Wären wir vollkommen, so wären wir nicht menschlich. Wichtig ist, daß wir unser Bestes geben. Wir benutzen die Hilfsmittel, die uns zur Verfügung stehen, und lernen, daß uns unsere Gefühle nicht umbringen. Wir möchten nichts von dem verlieren, was wir erreicht haben, und mit dem Programm weitermachen. Unsere Erfahrung zeigt, daß eine erforschende und gründliche Inventur, keine andauernde Wirkung haben kann, wenn ihr nicht sofort ein ebenso gründlicher Fünfter Schritt folgt.

SCHRITT FÜNF

"Wir gestanden Gott, uns selbst und einem anderen Menschen gegenüber die genaue Art unserer Fehler ein."

Der Fünfte Schritt ist der Schlüssel zur Freiheit. Er ermöglicht uns, in der Gegenwart clean zu leben. Durch das Teilen der genauen Art unserer Fehler werden wir befreit, um zu leben. Nachdem wir einen gründlichen Vierten Schritt gemacht haben, befassen wir uns mit dem Inhalt unserer Inventur. Uns wird gesagt, wenn wir diese Mängel für uns behalten, werden sie uns dazu bringen, wieder Drogen zu nehmen. Wenn wir an unserer Vergangenheit festhalten, könnte uns dies schwächen und daran hindern, unser neues Leben zu leben. Wenn wir im Fünften Schritt nicht ehrlich sind, werden wir dieselben negativen Ergebnisse erhalten, die durch unsere Unehrlichkeit in der Vergangenheit entstanden sind.

Der Fünfte Schritt schlägt vor, daß wir Gott, uns selbst und einem anderen Menschen gegenüber die genaue Art unserer Fehler eingestehen. Wir schauten auf unsere Fehler, untersuchten unsere Verhaltensmuster und fingen an, die verborgenen Seiten unserer Krankheit zu erkennen. Nun sitzen wir mit einer anderen Person zusammen und teilen unsere Inventur mit ihr, indem wir sie laut aussprechen.

Während des Fünften Schrittes wird unsere Höhere Macht bei uns sein. Wir werden Hilfe erhalten und frei sein, uns einem anderen Menschen und uns selbst zu stellen. Es schien nicht nötig, der Höheren Macht gegenüber die genaue Art unserer Fehler einzugestehen. "Gott kennt dies alles schon", sagten wir uns. Obwohl Er es weiß, muß das Eingeständnis aus unserem Mund kommen, um tatsächlich wirkungsvoll zu sein. Der Fünfte Schritt bedeutet nicht einfach ein Vorlesen des Vierten Schrittes.

Jahrelang vermieden wir es, uns so zu sehen, wie wir wirklich waren. Wir schämten uns über uns selbst und fühlten uns vom Rest der Welt isoliert. Jetzt, da wir den beschämenden

Teil unserer Vergangenheit eingekreist haben, uns ihm stellen und ihn zugeben, können wir ihm die Macht über unser Leben nehmen. Es wäre tragisch, erst alles aufzuschreiben und es dann in der Schublade verschwinden zu lassen. Diese Mängel wachsen im Dunkeln und sterben im Licht der Enthüllung.

Bevor wir zu Narcotics Anonymous kamen, dachten wir, daß niemand verstehen könnte, was wir getan hatten. Wir befürchteten, daß wir bestimmt abgelehnt würden, wenn wir jemals zu erkennen gäben, wie wir waren. Die meisten Süchtigen fühlen sich bei diesem Gedanken unbehaglich. Wir erkennen, daß unsere Gefühle nicht der Wirklichkeit entsprechen. Die Freundinnen und Freunde der Gemeinschaft verstehen uns.

Wir müssen die Person, die unseren Fünften Schritt anhören soll, sorgfältig auswählen. Wir müssen uns vergewissern, daß sie weiß, was wir tun und warum wir es tun. Obwohl es keine feste Regel gibt, ist es wichtig, daß wir der Person unserer Wahl vertrauen. Nur durch völliges Vertrauen in die Integrität und Diskretion dieser Person kann in uns die Bereitschaft entstehen, in diesem Schritt gründlich zu sein. Manche von uns machen den Fünften Schritt mit völlig Fremden, obwohl sich andere von uns wohler fühlen, wenn sie ein Mitglied von Narcotics Anonymous wählen. Wir wissen, daß andere Süchtige weniger dazu neigen, uns böswillig oder aus einem Mißverständnis heraus zu beurteilen.

Wenn wir unsere Wahl einmal getroffen haben und mit dieser Person allein sind, setzen wir mit ihrer Ermutigung den eingeschlagenen Weg fort. Wir möchten klar, ehrlich und gründlich sein, denn wir wissen, daß es um Leben und Tod geht.

Manche von uns probierten, Teile ihrer Vergangenheit zu verbergen, indem sie versuchten, einen leichteren Weg zu finden, um mit ihren inneren Gefühlen fertig zu werden. Wir mögen denken, daß wir genug getan haben, indem wir über unsere Vergangenheit geschrieben haben. Wir können uns diesen Fehler nicht erlauben. Dieser Schritt deckt unsere

Absichten und Taten auf. Wir können nicht erwarten, daß sich diese Dinge von selbst offenbaren. Unsere Verlegenheit ist schließlich überwunden, und wir können zukünftige Schuldgefühle vermeiden.

Wir zaudern nicht. Wir müssen genau sein. Wir möchten die einfache Wahrheit erzählen, kurz und bündig und so schnell wie möglich. Es besteht immer die Gefahr, daß wir mit unseren Fehlern übertreiben. Ebenso gefährlich ist eine Verharmlosung oder Rationalisierung unserer Rolle in vergangenen Situationen. Letztendlich möchten wir uns immer noch gut anhören.

Süchtige neigen dazu, ein Leben im Verborgenen zu führen. Jahre hindurch verdeckten wir eine geringe Selbstachtung, indem wir uns hinter falschen Fassaden versteckten, von denen wir hofften, daß sie die Leute zum Narren hielten. Unglücklicherweise hielten wir uns selbst mehr zum Narren, als alle anderen. Obwohl wir äußerlich oft anziehend und vertrauenserweckend erschienen, versteckten wir in Wirklichkeit einen schwachen, unsicheren Menschen in uns. Die Masken müssen runter. Wir teilen unsere Inventur, so wie sie geschrieben ist, ohne etwas auszulassen. Wir gehen diesen Schritt weiter mit Ehrlichkeit und Gründlichkeit an, bis wir ihn beendet haben. Es ist eine große Erleichterung, sich aller Geheimnisse zu entledigen und die Last unserer Vergangenheit zu teilen.

Während wir diesen Schritt teilen, wird gewöhnlich auch die Zuhörerin oder der Zuhörer etwas von ihrer bzw. seiner Geschichte erzählen. Wir stellen fest, daß wir nicht einzigartig sind. Wir sehen in der Annahme durch die Person unseres Vertrauens, daß wir so akzeptiert werden können, wie wir sind.

Möglicherweise werden wir niemals in der Lage sein, uns an alle Fehler der Vergangenheit zu erinnern. Wie dem auch sei, wir tun unser Bestes und geben uns alle Mühe. Wir fangen an, ureigene Gefühle spiritueller Art zu erleben. Wo wir einst spirituelle Theorien hatten, beginnen wir jetzt zu einer spirituellen Realität zu erwachen. Diese erste Untersuchung unserer selbst deckt einige Verhaltensmuster auf, die wir nicht sonderlich mögen. Wenn wir uns jedoch diesen Mustern stellen und sie offen darlegen, können wir etwas an ihnen ändern. Diese Veränderungen können wir nicht alleine schaffen. Wir brauchen die Hilfe Gottes, so wie wir Ihn verstehen, und die Gemeinschaft von Narcotics Anonymous.

SCHRITT SECHS

"Wir waren vorbehaltlos bereit, alle diese Charakterfehler von Gott beseitigen zu lassen."

Warum um etwas bitten, bevor wir soweit sind? Dies würde bedeuten, Schwierigkeiten geradezu herauszufordern. Oft wollten Süchtige lediglich den Lohn kassieren, ohne die notwendige Arbeit dafür zu leisten. Wir streben im Sechsten Schritt Bereitschaft an. Wie gründlich wir diesen Schritt arbeiten, hängt von unserem Wunsch nach Veränderung ab.

Wollen wir tatsächlich unseren Groll, unsere Wut und unsere Angst loswerden? Viele von uns klammern sich an ihre Ängste, ihre Zweifel, ihren Ekel vor sich selbst oder ihren Haß, denn in einem vertrauten Schmerz liegt eine gewisse entstellte Sicherheit. Es scheint sicherer, an dem festzuhalten, was wir kennen, als es für das Unbekannte aufzugeben.

Das Loslassen von Charakterfehlern sollte entschlossen geschehen. Wir leiden, da ihre Ansprüche uns schwächen. Dort, wo wir stolz waren, stellen wir nunmehr fest, daß wir mit Überheblichkeit nicht mehr durchkommen. Wenn wir nicht demütig sind, werden wir gedemütigt. Wenn wir gierig sind, merken wir, daß wir niemals zufriedengestellt werden. Bevor wir den Vierten und den Fünften Schritt in Angriff nahmen, konnten wir uns Angst, Wut, Unehrlichkeit oder Selbstmitleid hingeben. Heute erschwert das Schwelgen in diesen Charakterfehlern unsere Fähigkeit, logisch zu denken. Selbstsucht wird zu einer unerträglichen, zerstörerischen Kette, die uns an unsere schlechten Gewohnheiten bindet. Unsere Charakterfehler zehren unsere ganze Zeit und Energie auf.

Wir gehen die Inventur des Vierten Schrittes durch und erhalten einen guten Blick für das, was diese Charakterfehler in unserem Leben anrichten. Wir beginnen, uns nach Freiheit von diesen Fehlern zu sehnen. Wir beten oder werden auf andere Weise willens, bereit und fähig, Gott diese zerstörerischen Züge beseitigen zu lassen. Wir brauchen eine Veränderung unserer Persönlichkeit, wenn wir clean bleiben wollen. Wir möchten uns verändern.

Alte Charakterfehler sollten wir unvoreingenommen angehen. Wir sind uns ihrer bewußt, und trotzdem machen wir immer noch die gleichen Fehler, unfähig, mit den schlechten Gewohnheiten zu brechen. Wir wenden uns an die Gemeinschaft, um die Lebenswiese zu finden, die wir gerne hätten. Wir fragen unsere Freundinnen und Freunde: "Habt Ihr die Charakterfehler losgelassen?" Fast ausnahmslos lautet die Antwort: "Ja, so gut wir konnten." Wenn wir sehen, wie unsere Charakterfehler sich in unserem Leben zeigen und sie annehmen, können wir sie loslassen und mit dem neuen Leben fortfahren. Wir lernen, daß wir wachsen werden, wenn wir neue Fehler machen, anstatt die alten zu wiederholen.

Wenn wir den Sechsten Schritt arbeiten, ist es wichtig, uns daran zu erinnern, daß wir nur Menschen sind und daß wir nicht unrealistische Erwartungen an uns stellen sollten. Dies ist ein Schritt der Bereitschaft. Bereitschaft ist das spirituelle Prinzip des Sechsten Schrittes. Der Sechste Schritt hilft uns, uns in eine spirituelle Richtung zu bewegen. Da wir Menschen sind, werden wir vom Kurs abkommen.

Rebellion ist ein Charakterfehler, der uns hier im Wege steht. Wir brauchen nicht das Vertrauen zu verlieren, wenn wir widerspenstig werden. Rebellion kann Gleichgültigkeit oder Intoleranz hervorrufen, die beide durch beständiges Bemühen überwunden werden können. Wir bitten immer wieder um Bereitschaft. Wir mögen daran zweifeln, daß Gott uns erlösen will, oder fürchten, daß etwas schiefgeht. Wir fragen ein anderes Mitglied und bekommen die Antwort: "Du bist genau dort, wo Du sein sollst." Wir erneuern die Bereitschaft, unsere

Fehler von uns nehmen zu lassen. Wir kapitulieren und nehmen die einfachen Vorschläge an, die das Programm zu bieten hat. Auch wenn wir nicht vollständig bereit sind, bewegen wir uns in die richtige Richtung.

Glaube, Demut und Annahme ersetzen schließlich Stolz und Rebellion. Wir lernen uns selbst kennen. Wir erleben, daß wir in ein reifes Bewußtsein hineinwachsen. Während aus Bereitschaft Hoffnung erwächst, beginnen wir uns besser zu fühlen. Vielleicht haben wir zum ersten Mal eine Vorstellung von unserem neuen Leben. Dies vor Augen, setzen wir unsere Bereitschaft in Taten um, indem wir zu Schritt Sieben weitergehen.

SCHRITT SIEBEN

"Demütig baten wir Ihn, uns von diesen Mängeln zu befreien."

Charakterfehler oder Mängel sind die Dinge, die während unseres Lebens Schmerz und Elend erzeugen. Würden sie zu unserer Gesundheit und unserem Glück beitragen, so wären wir nicht in eine derart verzweifelte Lage gekommen. Wir mußten bereit werden, damit Gott, wie wir Ihn verstehen, diese Fehler von uns nimmt.

Indem wir uns entschieden haben, daß Gott uns von den unnützen oder zerstörerischen Seiten unserer Persönlichkeit erlösen soll, sind wir am Siebenten Schritt angelangt. Wir selbst konnten mit der Qual unseres Lebens nicht fertigwerden. Erst als wir aus unserem Leben ein regelrechtes Chaos gemacht hatten, erkannten wir, daß wir es alleine nicht schafften. Indem wir dies zugaben, erlangten wir einen Funken von Demut. Dies ist der Hauptbestandteil des Siebenten Schrittes. Demut ist das Ergebnis, das wir erlangen, wenn wir uns selbst gegenüber ehrlich sind. Seit dem Ersten Schritt haben wir Ehrlichkeit geübt. Wir akzeptierten unsere Sucht und unsere Machtlosigkeit. Wir entdeckten eine Kraft, die über unsere hinausgeht, und lernten, uns auf sie zu verlassen. Wir überprüften unser Leben und fanden heraus, wer wir wirklich sind. Wirklich demütig zu sein, bedeutet, uns zu akzeptieren und ehrlich zu versuchen, wir selbst zu sein. Wir sind weder vollkommen gut noch vollkommen schlecht. Wir sind Leute mit Stärken und Schwächen. Aber vor allen Dingen sind wir Menschen.

Demut ist so wichtig zum Cleanbleiben, wie Nahrung und Wasser, um am Leben zu bleiben. In dem Maße, in dem unsere Krankheit fortschritt, verwendeten wir unsere Energie für die Befriedigung unserer materiellen Wünsche. Alle anderen Bedürfnisse waren außerhalb unserer Reichweite. Wir wollten immer, daß unsere Grundbedürfnisse zufriedengestellt werden.

Der Siebente Schritt ist ein Schritt der Tat, und es ist an der Zeit, Gott um Hilfe und Erleichterung zu bitten. Wir müssen einsehen, daß unsere Art zu denken nicht die einzig mögliche ist; andere Menschen können uns den Weg weisen. Wenn jemand uns auf einen Fehler hinweist, ist unsere erste Reaktion möglicherweise Abwehr. Wir müssen uns klar machen, daß wir nicht vollkommen sind. Es wird immer Raum für Wachstum geben. Wenn wir wirklich frei sein wollen, dann werden wir sorgfältig auf die Hinweise unserer Freunde und Freundinnen aus der Gemeinschaft achten. Wenn die Mängel, die wir entdecken, echt sind, und wir die Möglichkeit haben, sie los zu sein, werden wir uns mit Sicherheit wohler fühlen.

Einige werden den Wunsch haben, für diesen Schritt auf die Knie zu gehen. Andere werden sehr ruhig sein, und wieder andere bringen eine große emotionale Kraft auf, um intensive Bereitschaft an den Tag zu legen. Das Wort demütig wird zurecht gebraucht, denn wir nähern uns dieser Macht, die größer ist als wir, und bitten sie um die Freiheit, ohne die Beschränkungen unserer Vergangenheit zu leben. Viele von uns sind bereit, diesen Schritt vorbehaltlos, allein aus einem blinden Vertrauen heraus, zu arbeiten; denn das, was wir bisher getan und gefühlt haben, haben wir satt. Was immer funktioniert, wir tun es.

Dies ist unser Weg zum spirituellen Wachstum. Wir verändern uns täglich. Allmählich und behutsam bewegen wir uns aus der Isolation und Einsamkeit der Sucht heraus, hinein in den Hauptstrom des Lebens. Dieses Wachstum ist nicht das Ergebnis eines Wunsches, sondern das Ergebnis von Taten und Gebet. Das Hauptziel des Siebenten Schrittes besteht darin, aus uns selbst herauszugehen und danach zu streben, den Willen unserer Höheren Macht auszuführen.

Wenn wir unachtsam sind und die spirituelle Bedeutung dieses Schrittes nicht begreifen, könnten wir Schwierigkeiten bekommen und alte Probleme erneut auftreten. Eine Gefahr besteht darin, zu hart uns selbst gegenüber zu sein.

Weil wir mit anderen genesenden Süchtigen teilen, fällt es uns leichter, uns nicht mit krankhaftem Ernst zu begegnen. Die Fehler anderer zu akzeptieren, kann uns helfen, demütig zu werden und den Weg zur Erlösung von unseren eigenen Fehlern ebnen. Gott wirkt oft durch diejenigen, die Genesung für so wichtig halten, daß sie uns beim Erkennen unserer Mängel helfen.

Wir haben festgestellt, daß Demut in diesem Programm und in unserem neuen Leben einen großen Platz einnimmt. Wir machen Inventur; wir werden bereit dafür, daß Gott unsere Charakterfehler von uns nimmt; wir bitten Ihn demütig, unsere Mängel von uns zu nehmen. Dies ist unser Weg zum spirituellen Wachstum, und wir wollen ihn weitergehen. Wir sind bereit für den Achten Schritt.

SCHRITT ACHT

"Wir machten eine Liste aller Personen, denen wir Schaden zugefügt hatten, und wurden bereit, ihn bei allen wiedergutzumachen."

Der Achte Schritt ist die Probe für unsere neugefundene Demut. Unsere Absicht ist es, uns von der Schuld, die wir mit uns herumgetragen haben, zu befreien. Wir möchten der Welt weder mit Aggressivität noch mit Angst ins Auge blicken.

Sind wir bereit, eine Liste all der Personen zu erstellen, denen wir Schaden zugefügt haben, um die Angst und die Schuld zu beseitigen, die unsere Vergangenheit für uns beinhaltet? Aus Erfahrung wissen wir, daß wir bereit werden müssen, bevor dieser Schritt eine Wirkung haben kann.

Der Achte Schritt ist nicht leicht; er erfordert eine neue Art von Ehrlichkeit in unseren Beziehungen zu anderen Menschen. Der Achte Schritt löst den Prozeß der Vergebung aus: Wir vergeben anderen; möglicherweise wird auch uns vergeben; schließlich vergeben wir uns selbst und lernen, in dieser Welt zu leben. An diesem Schritt angekommen, sind wir bereit, eher zu verstehen, als verstanden zu werden. Es fällt uns leichter zu leben und leben zu lassen, wenn wir die Bereiche kennen, in denen wir Wiedergutmachung zu leisten haben. Zunächst erscheint dies hart, wenn wir es aber einmal hinter uns gebracht haben, werden wir uns fragen, wieso wir es nicht schon längst getan haben.

Wir brauchen ein ganzes Stück Ehrlichkeit, bevor wir eine genaue Liste erstellen können. Wenn wir uns anschicken, die Liste des Achten Schrittes zu machen, ist es hilfreich zu definieren, was Schaden bedeutet. Mögliche Definitionen von Schaden sind: körperliche oder seelische Verletzung sowie das Zufügen von Schmerz, Leid oder Verlust. Schaden kann durch etwas verursacht werden, das gesagt, getan oder auch nicht getan wird. Schaden kann aus Worten oder Handlungen entstehen, die beabsichtigt oder auch unbeabsichtigt sein können. Die Schadensskala reicht vom Vermitteln eines geistigen Unbehagens über körperliche Versehrtheit, sogar bis hin zum Tod.

Der Achte Schritt offenbart uns ein Problem. Viele von uns haben Schwierigkeiten einzugestehen, daß sie anderen Schaden zugefügt haben, weil sie dachten, Opfer ihrer Sucht zu sein. Diese Denkweise zu vermeiden, ist für den Achten Schritt von entscheidender Bedeutung. Wir müssen das, was uns angetan wurde, von dem trennen, was wir anderen angetan haben. Wir entledigen uns unserer Rechtfertigungen und Vorstellungen, ein

Opfer zu sein. Oft haben wir den Eindruck, daß wir nur uns selbst geschadet haben, dennoch setzen wir meistens unseren Namen als letzten auf die Liste, wenn überhaupt. Dieser Schritt bedeutet, die Fußarbeit zu machen, um die Schäden in unserem Leben zu beheben.

Wir werden nicht zu besseren Menschen, wenn wir die Fehler anderer bewerten. Wir werden uns wohler fühlen, indem wir uns von der Schuld befreien und so Ordnung in unser Leben bringen. Durch das Schreiben unserer Liste können wir nicht länger leugnen, daß wir Schaden verursacht haben. Wir geben zu, durch Taten, Lügen, nicht gehaltene Versprechen oder Vernachlässigung andere direkt oder indirekt verletzt zu haben.

Wir erstellen unsere Liste oder benutzen die des Vierten Schrittes und fügen weitere Personen hinzu, die uns einfallen. Wir setzen uns ehrlich mit dieser Liste auseinander und prüfen vorbehaltlos unsere Fehler, damit wir zur Wiedergutmachung bereit werden können.

Manchmal kennen wir die Leute nicht, denen wir Schaden zugefügt haben. Während wir Drogen nahmen, waren alle, mit denen wir in Kontakt kamen, einem Risiko ausgesetzt. Viele NA-Freundinnen und -Freunde erwähnen ihre Eltern, Ehepartner, Kinder, Freunde, Freundinnen, Liebesbeziehungen, andere Süchtige, vorübergehende Bekanntschaften, Kolleginnen, Angestellte, Lehrer, Vermieterinnen und völlig fremde Personen. Wir können auch uns auf die Liste setzen, da wir, während wir Drogen nahmen, uns langsam selbst umbrachten. Es könnte hilfreich für uns sein, gesondert eine Liste mit den Namen der Leute zu erstellen, denen wir finanzielle Wiedergutmachungen schulden.

Wie mit jedem anderen Schritt müssen wir auch hier gründlich sein. Die meisten von uns neigen dazu, in diesem Schritt eher zuwenig als zuviel zu tun. Gleichzeitig können wir aber die Vollendung dieses Schrittes nicht einfach aufschieben, nur weil wir nicht sicher sind, ob unsere Liste vollständig ist. Wir sind niemals fertig.

Die entscheidende Schwierigkeit beim Arbeiten des Achten Schrittes ist, ihn vom Neunten zu trennen. Vorstellungen und Pläne davon, wie wir tatsächlich Wiedergutmachung leisten, können ein großes Hindernis darstellen, sowohl für das Erstellen der Liste, als auch für das Bereitwerden. Wir machen diesen Schritt so, als gäbe es keinen Neunten Schritt. Wir denken noch nicht einmal daran, Wiedergutmachung zu leisten, sondern konzentrieren uns genau auf das, was der Achte Schritt besagt: Erstelle eine Liste und werde bereit. Was dieser Schritt hauptsächlich für uns bewirkt ist, uns zu helfen, ein Bewußtsein dafür zu entwickeln, daß wir allmählich neue Einstellungen uns selbst gegenüber und in unserem Umgang mit anderen Menschen gewinnen.

Die Verwirrung, die wir möglicherweise beim Erstellen dieser Liste haben, kann von uns genommen werden, wenn wir anderen beim Teilen ihrer Erfahrungen zu diesem Schritt sorgfältig zuhören. Auch unsere Sponsoren und Sponsorinnen können mit uns teilen, wie der Achte Schritt für sie funktionierte. Wir können uns die Erfahrung der Gruppe zunutze machen, wenn wir während des Meetings eine Frage stellen.

Der Achte Schritt bietet eine große Veränderung für ein von Schuld und Reue beherrschtes Leben. Unsere Zukunft wird verändert, weil wir den Menschen nicht aus dem Weg gehen müssen, denen wir Schaden zugefügt haben. Als Ergebnis dieses Schrittes erhalten wir eine neue Freiheit, die unsere Isolation beenden kann. Während wir unser Bedürfnis nach Vergebung erkennen, werden wir bereit, selbst zu vergeben. Zumindest wissen wir, daß wir nicht länger absichtlich anderen das Leben schwer machen.

Der Achte Schritt ist ein Schritt der Tat. Wie alle anderen Schritte bietet auch er einen sofortigen Nutzen. Nun sind wir in der Lage, unsere Wiedergutmachungen im Neunten Schritt zu beginnen.

SCHRITT NEUN

"Wir machten bei diesen Menschen alles wieder gut, wo immer es möglich war, es sei denn, wir hätten dadurch sie oder andere verletzt."

Dieser Schritt sollte nicht unterlassen werden. Tun wir dies, so halten wir uns in unserem Programm einen Platz für einen Rückfall frei. Stolz, Angst und Zaudern erscheinen oft als unüberwindliche Barriere; sie stehen Fortschritt und Wachstum im Wege. Es ist wichtig zu handeln und bereit zu sein, die Reaktionen der Menschen, denen wir Schaden zugefügt haben, anzunehmen. Wir leisten, so gut wir können, Wiedergutmachung.

Den richtigen Zeitpunkt zu wählen, ist ein wesentlicher Teil dieses Schrittes. Wir sollten dann Wiedergutmachung leisten, wenn sich die Gelegenheit dazu anbietet, es sei denn, es würden dadurch noch weitere Verletzungen entstehen. Zuweilen können wir wirklich keine Wiedergutmachung leisten; es ist weder möglich noch durchführbar. Es gibt auch Fälle, in denen eine Wiedergutmachung jenseits unserer Möglichkeiten liegt. Wir finden, daß Bereitschaft dort an die Stelle des Handelns treten kann, wo wir die Person, der wir Schaden zugefügt haben, nicht aufsuchen können. Niemals jedoch sollten uns Verlegenheit, Angst oder Zaudern davon abhalten, mit jemand in Verbindung zu treten.

Wir wollen von unserer Schuld befreit werden, doch möchten wir dies nicht auf Kosten anderer. Es besteht die Gefahr, daß wir Dritte oder Freunde aus unserer Zeit, in der wir Drogen nahmen, in etwas verwickeln, dem sie sich nicht aussetzen wollen. Wir haben nicht das Recht, noch besteht die Notwendigkeit, andere in Gefahr zu bringen. Oft ist es in dieser Sache nötig, bei anderen Rat einzuholen.

Wir empfehlen, unsere rechtlichen Probleme an Rechtsanwälte und unsere finanziellen oder medizinischen Probleme an Fachleute zu übergeben. Teil des Lernprozesses, um erfolgreich zu leben, ist zu erkennen, wann wir Hilfe brauchen.

Manche alten Beziehungen können noch einen ungelösten Konflikt in sich bergen. Indem wir Wiedergutmachung leisten, tragen wir unseren Teil zur Lösung alter Konflikte bei. Wir möchten von weiteren Feindseligkeiten und anhaltendem Groll loskommen. In vielen Fällen können wir nur auf die entsprechenden Menschen zugehen und sie demütig um Verständnis für begangenes Unrecht bitten. Zuweilen ist dies eine freudige Gelegenheit, bei der alte Freundinnen, Freunde oder Verwandte ihre Bereitschaft bekunden, ihre Bitterkeit aufzugeben. Es kann gefährlich sein, Leute aufzusuchen, die noch immer unter den Schmerzen leiden, die wir ihnen zugefügt haben. Eine indirekte Wiedergutmachung kann dort erforderlich sein, wo eine direkte Wiedergutmachung gefährlich wäre oder andere in Gefahr brächte. Wir leisten Wiedergutmachung, so gut wir dies vermögen. Wir versuchen, uns in Erinnerung zu rufen, daß wir, wenn wir Wiedergutmachung leisten, dies für uns tun. Statt uns schuldig und reumütig zu fühlen, spüren wir im Hinblick auf unsere Vergangenheit ein Gefühl der Erleichterung.

Wir akzeptieren, daß es unsere Handlungen waren, die unsere negative Einstellung verursachten. Der Neunte Schritt hilft uns mit unserer Schuld und hilft auch anderen mit ihrem Zorn. Clean zu bleiben ist manchmal die einzige Wiedergutmachung, die wir leisten können. Dies schulden wir uns selbst und denjenigen, die wir lieben. Wir schaffen nicht länger Probleme in der Gesellschaft als Ergebnis unseres Drogengebrauchs. Etwas zur Gesellschaft beizutragen ist manchmal der einzige Weg, Wiedergutmachung zu leisten. Jetzt helfen wir uns und anderen Süchtigen zu genesen. Dies ist eine enorme Wiedergutmachung an der Allgemeinheit.

Im Verlauf unserer Genesung wird unsere geistige Gesundheit wiederhergestellt, und ein Teil dieser geistigen Gesundheit ist, tatsächlich in Beziehung zu anderen Menschen zu treten. Wir sehen die Menschen nicht mehr so oft als Bedrohung unserer

Sicherheit. Eine wirkliche Sicherheit ersetzt den körperlichen Schmerz und die geistige Verwirrung, die wir in der Vergangenheit erfahren haben. Wir gehen auf diejenigen, denen wir Schaden zugefügt haben, mit Demut und Geduld zu. Viele von denjenigen, die uns ernsthaft eine Besserung wünschen, werden unsere Genesung nur zögernd akzeptieren. Wir müssen uns den Schmerz, den sie erfahren haben, ins Gedächtnis rufen. Mit der Zeit geschehen viele Wunder. Viele von uns, die von ihren Familien getrennt waren, konnten erneut Verbindung zu ihnen herstellen. Schließlich wird es für sie einfacher, die Wandlung in uns zu akzeptieren. Cleanzeiten sprechen für sich selbst. Geduld ist ein wichtiger Bestandteil unserer Genesung. Die bedingungslose Liebe, welche wir erfahren, erneuert unseren Lebenswillen, und aus jeder positiven Regung unsererseits entsteht eine unerhoffte Gelegenheit. Wiedergutmachung leisten erfordert viel Mut und Vertrauen, und ein großes geistiges Wachstum entsteht daraus.

Wir erlangen Freiheit von unserer gescheiterten Vergangenheit. Wir möchten unser Haus in Ordnung halten, indem wir unsere persönliche Inventur im Zehnten Schritt fortsetzen.

SCHRITT ZEHN

"Wir setzten die persönliche Inventur fort, und wenn wir Fehler machten, gaben wir sie sofort zu."

Der Zehnte Schritt befreit uns von den Trümmern unserer Gegenwart. Wenn wir unsere Fehler nicht weiterhin im Auge behalten, können sie uns in eine Ecke drängen, aus der wir nicht mehr clean herauskommen.

Eines der ersten Dinge, die wir bei Narcotics Anonymous lernen, ist: nehmen wir Drogen, verlieren wir. Ebenso werden wir nicht soviel Schmerz erfahren, wenn wir die Dinge vermeiden, die uns Schmerz bereiten. Die persönliche Inventur fortsetzen heißt, uns anzugewöhnen, regelmäßig uns selbst, unsere Handlungen, Beziehungen und unser Verhalten anzuschauen.

Wir sind Gewohnheitstiere und damit für unsere alten Denk- und Reaktionsweisen anfällig. Zuweilen scheint es einfacher, die eingefahrene Spur der Selbstzerstörung weiter zu verfolgen, als eine neue und scheinbar gefährliche Wegstrecke auszuprobieren. Wir müssen nicht in unseren alten Mustern gefangen bleiben. Heute haben wir die Wahl.

Der Zehnte Schritt kann uns dabei helfen, unsere Lebensprobleme zu lösen und ihr erneutes Auftreten verhindern. Wir betrachten, wie wir während des Tages gehandelt haben. Manche von uns schreiben über ihre Gefühle. Sie setzen sich damit auseinander, wie sie sich fühlten und welchen Anteil sie möglicherweise an aufgetretenen Problemen hatten. Haben wir irgendeiner Person Schaden zugefügt? Müssen wir zugeben, daß wir Fehler gemacht haben? Wenn wir auf Schwierigkeiten stoßen, bemühen wir uns, sie in Ordnung zu bringen. Tun wir dies nicht, so plagen sie uns weiter.

Dieser Schritt kann ein Schutz gegen den alten Wahnsinn sein. Wir können uns fragen, ob wir gerade in die alten Muster von Wut, Groll und Angst hineingezogen werden. Fühlen wir uns in die Enge getrieben? Sind wir gerade dabei, uns in Schwierigkeiten zu bringen? Sind wir zu hungrig, zornig, einsam oder müde? Nehmen wir uns zu ernst? Beurteilen wir unser Inneres nach dem Äußeren von anderen? Leiden wir an einem körperlichen Problem? Die Antworten auf diese Fragen können uns helfen, mit den jetzigen Schwierigkeiten fertig zu werden. Wir brauchen nicht länger mit dem Gefühl zu leben, ein Loch im Bauch zu haben. Viele unserer größten Sorgen und Schwierigkeiten entstehen aus unserer Unerfahrenheit mit dem drogenfreien Leben. Wenn wir ein "altes" NA-Mitglied fragen, was wir tun sollen, sind wir oft über die Einfachheit der Antwort erstaunt.

Der Zehnte Schritt kann ein Druckausgleichsventil sein. Wir arbeiten diesen Schritt, während die Hochs und Tiefs des Tages uns noch frisch in Erinnerung sind. Wir führen auf, was wir getan haben, und versuchen, unser Handeln nicht vernunftmäßig zu erklären. Das kann am Ende des Tages schriftlich gemacht werden. Das erste, was wir tun, ist innehalten! Dann nehmen wir uns die Zeit, um uns den Vorzug zu gönnen nachzudenken. Wir untersuchen unsere Aktionen, Reaktionen und Motive. Oft stellen wir fest, daß wir besser handelten, als wir uns fühlten. Dies erlaubt uns, unser Handeln zu prüfen und Fehler einzugestehen, bevor sich die Dinge zum Schlechteren entwickeln. Wir müssen vernunftmäßige Ausreden vermeiden. Wir geben unsere Fehler sofort zu und erklären sie nicht.

Wir arbeiten stetig diesen Schritt. Dies ist eine vorbeugende Maßnahme. Je mehr wir diesen Schritt arbeiten, desto weniger benötigen wir den berichtigenden Teil dieses Schrittes. Dieser Schritt ist ein großes Hilfsmittel gegen Leid, noch bevor es von uns Besitz ergreift. Wir überwachen unsere Gefühle, Regungen, Phantasien und Taten. Indem wir uns ständig beobachten, sind wir in der Lage, die Handlungen nicht zu wiederholen, durch die es uns schlecht ging.

Wir brauchen diesen Schritt auch dann, wenn wir uns gut fühlen und die Dinge gut laufen. Gute Gefühle sind neu für uns, wir müssen sie pflegen. In schlechten Zeiten können wir ausprobieren, was in guten Zeiten funktionierte. Wir haben ein Recht darauf, uns gut zu fühlen. Wir haben die Wahl. Gute Zeiten können auch eine Falle sein; die Gefahr besteht darin, daß wir vergessen, daß unser vorrangiges Ziel ist, clean zu bleiben. Für uns ist Genesung mehr als nur Vergnügen.

Wir dürfen nicht vergessen, daß alle Fehler machen. Wir werden niemals perfekt sein. Dennoch können wir uns selbst akzeptieren, wenn wir den Zehnten Schritt anwenden. Indem wir weiterhin unsere persönliche Inventur machen, werden wir hier und jetzt von uns selbst und unserer Vergangenheit befreit. Wir rechtfertigen nicht länger unser Dasein. Dieser Schritt erlaubt uns, wir selbst zu sein.

SCHRITT ELF

"Wir suchten durch Gebet und Meditation die bewußte Verbindung zu Gott, wie wir Ihn verstanden, zu vertiefen. Wir baten Ihn nur, uns seinen Willen erkennbar werden zu lassen und uns die Kraft zu geben, ihn auszuführen."

Die ersten zehn Schritte haben den Boden bereitet, um unseren bewußten Kontakt mit Gott, wie wir Ihn verstehen, zu verbessern. Sie geben uns die Grundlage, um unsere lang gesuchten positiven Ziele zu erreichen. Nachdem wir durch Anwenden der ersten zehn Schritte diese Phase unseres spirituellen Programmes erreicht haben, begrüßen die meisten von uns das Praktizieren von Gebet und Meditation. Unsere spirituelle Verfassung ist die Grundlage für eine erfolgreiche Genesung, die uneingeschränktes Wachstum bietet.

Viele von uns beginnen wirklich, ihre Genesung zu schätzen, wenn sie am Elften Schritt angelangt sind. Unser Leben bekommt einen tieferen Sinn. Indem wir die Kontrolle aufgeben, erhalten wir eine weitaus größere Macht.

Die Art unseres Glaubens wird das Wesen unseres Gebets und unserer Meditation bestimmen. Wir müssen nur sicher gehen, daß wir ein Glaubenssystem haben, das für uns funktioniert. In Genesung zählen Ergebnisse. Wie schon an anderer Stelle erwähnt, schienen unsere Gebete für uns zu funktionieren, sobald wir in das Programm von Narcotics Anonymous kamen und vor unserer Krankheit kapitulierten. Die bewußte Verbindung, die in diesem Schritt beschrieben wird, ist das unmittelbare Ergebnis des Lebens der Schritte. Wir benutzen diesen Schritt, um unsere spirituelle Verfassung zu verbessern und zu erhalten.

Als wir am Anfang in das Programm kamen, erhielten wir Hilfe von einer Macht, größer als wir selbst. Dies wurde in Gang gesetzt, indem wir uns dem Programm ergaben. Ziel des Elften Schrittes ist, unser Bewußtsein von dieser Macht zu vergrößern und unsere Fähigkeit zu verbessern, sie als Quelle der Kraft in unserem neuen Leben zu nutzen.

Je mehr wir unsere bewußte Verbindung zu unserem Gott durch Gebet und Meditation verbessern, umso leichter fällt es uns zu sagen: "Dein Wille geschehe, nicht der meine." Wenn wir sie brauchen, können wir um Gottes Hilfe bitten, und unser Leben wird besser. Erfahrungen von Meditation und persönlichem religiösen Glauben, über die einige Menschen reden, treffen nicht immer auf uns zu. Unser Programm ist spirituell, nicht religiös. Vor dem Erreichen des Elften Schrittes wurden Charakterfehler, die uns in der Vergangenheit Probleme bereiteten, durch das Arbeiten der vorangehenden zehn Schritte angegangen. Das Bild der Person, die wir gerne sein möchten, ist ein flüchtiger Schimmer von Gottes Willen für uns. Oft ist unsere Sicht so begrenzt, daß wir nur unsere unmittelbaren Wünsche und Bedürfnisse erkennen können.

Es ist leicht, in unsere alten Verhaltensweisen zurückzufallen. Um unser Wachstum und unsere fortschreitende Genesung sicherzustellen, müssen wir lernen, unser Leben auf eine solide spirituelle Grundlage zu stellen. Gott wird uns Seine Güte nicht aufdrängen, aber wir werden sie erhalten, wenn wir darum bitten. Gewöhnlich fühlen wir, daß irgend etwas im Moment anders ist, doch erkennen wir die Veränderung in unserem Leben erst später. Wenn wir schließlich unsere egoistischen Motive aus dem Weg geschafft haben, beginnen wir einen Frieden zu finden, den wir niemals für vorstellbar hielten. Aufgezwungene moralische Grundsätze entbehren der Kraft, die wir erhalten, wenn wir ein spirituelles Leben wählen. Die meisten von uns beten, wenn sie Schmerzen haben. Wir lernen, daß wir nicht so oft oder so intensiv Schmerzen haben, wenn wir regelmäßig beten.

Außerhalb von Narcotics Anonymous gibt es eine Vielzahl verschiedener Gruppen, die Meditation praktizieren. Beinahe jede dieser Gruppen ist mit einer bestimmten Religion oder Philosophie verbunden. Die Empfehlung irgendeiner dieser Methoden wäre eine Verletzung unserer Traditionen und eine Beeinträchtigung des Rechts der einzelnen auf einen Gott nach ihrem eigenen Verständnis. Meditation ermöglicht es, uns spirituell auf eigene Weise zu entwickeln. Einige der Dinge, die für uns in der Vergangenheit nicht funktionierten, könnten heute funktionieren. Mit neuem Blick betrachten wir jeden Tag und treten ihm mit Offenheit entgegen. Wir wissen, wenn wir um den Willen Gottes beten, werden wir das erhalten, was für uns das Beste ist, unabhängig davon, was wir denken. Dieses Wissen beruht auf unserem Glauben und unserer Erfahrung als genesende Süchtige.

Gebet bedeutet, unsere Sorgen einer Macht, größer als wir selbst, mitzuteilen. Wenn wir beten, geschieht manchmal etwas Bemerkenswertes; wir entdecken Mittel, Wege und Kräfte, um Aufgaben zu erfüllen, die weit außerhalb unserer Fähigkeiten liegen. Wir erfassen die grenzenlose Kraft, die uns durch unser tägliches Gebet und unsere Kapitulation zur Verfügung steht, solange wir unseren Glauben bewahren und erneuern.

Für einige heißt beten, um Gottes Hilfe zu bitten; Meditation bedeutet, Gottes Antwort zu erfahren. Wir lernen, vorsichtig zu sein, für bestimmte Dinge zu beten. Wir beten, daß Gott uns Seinen Willen zu erkennen gibt, und daß Er uns hilft, ihn auszuführen. In manchen Fällen macht Er uns Seinen Willen so offenbar, daß wir ihn leicht erkennen können. In anderen Fällen ist unser Ego so auf sich selbst konzentriert, daß wir Gottes Willen erst nach einem weiteren Kampf und einer nochmaligen Kapitulation annehmen. Wenn wir Gott bitten, alle verwirrenden Einflüsse von uns zu nehmen, wird sich die Qualität unseres Gebets erhöhen, und wir fühlen den Unterschied. Gebet erfordert Praxis, und wir sollten nicht vergessen, daß geschickte Menschen nicht mit ihren Fertigkeiten geboren wurden. Sie mußten viel Mühe darauf verwenden, sie zu entwickeln. Durch das Gebet suchen wir die bewußte Verbindung zu unserem Gott. In der Meditation erreichen wir diese Verbindung, und der Elfte Schritt hilft uns dabei, sie aufrechtzuerhalten.

Es mag sein, daß wir viele Religionen und meditative Richtungen kennengelernt haben, bevor wir zu Narcotics Anonymous kamen. Einige von uns waren durch diese

Praktiken zerstört und völlig verwirrt. Wir waren sicher, daß es Gottes Wille war, daß wir Drogen nahmen, um ein höheres Bewußtsein zu erlangen. Viele von uns befanden sich als Ergebnis dieser Praktiken in einem sehr seltsamen Zustand. Niemals verdächtigten wir die schädliche Auswirkung unserer Sucht als Wurzel unserer Schwierigkeiten und verfolgten bis zum Schluß jeden Weg, der Hoffnung versprach.

In stillen Augenblicken der Meditation kann Gottes Wille für uns offensichtlich werden. Die Beruhigung des Geistes durch Meditation schafft einen inneren Frieden, der uns mit dem Gott in uns in Verbindung bringt. Eine grundlegende Tatsache von Meditation ist, daß es schwierig, wenn nicht gar unmöglich ist, eine bewußte Verbindung herzustellen, es sei denn, unser Geist ist ruhig. Die übliche, nicht endenwollende Aufeinanderfolge von Gedanken muß aufhören, wenn Fortschritt gemacht werden soll. Daher zielt unsere Vorübung darauf ab, den Geist zu beruhigen und auftauchende Gedanken eines "natürlichen Todes" sterben zu lassen. Sobald der Meditationsteil des Elften Schrittes für uns Wirklichkeit wird, lassen wir unsere Gedanken hinter uns.

Emotionale Ausgeglichenheit ist eines der ersten Ergebnisse der Meditation; unsere Erfahrung bekräftigt dies. Einige von uns kamen gebrochen in das Programm und saßen eine Zeitlang herum, nur um Gott oder Erlösung in dem einen oder anderen religiösen Kult zu finden. Es ist einfach, auf einer Wolke religiösen Eifers aus der Tür zu schweben und dabei zu vergessen, daß wir Süchtige mit einer unheilbaren Krankheit sind.

Es wird gesagt, wenn Meditation Wert haben soll, müssen sich Ergebnisse in unserem täglichen Leben zeigen. Diese Tatsache ist im Elften Schritt enthalten: "...uns Seinen Willen erkennbar werden zu lassen und uns die Kraft zu geben, ihn auszuführen." Für diejenigen von uns, die nicht beten, ist Meditation der einzige Weg, um diesen Schritt zu arbeiten.

Wir beten, weil dies uns Frieden gibt und unser Vertrauen und unseren Mut wiederherstellt. Es hilft uns, ein Leben frei von Angst und Mißtrauen zu führen. Wenn wir unsere egoistischen Motive ablegen und um Führung beten, erfahren wir Frieden und Gelassenheit. Wir beginnen, ein Bewußtsein und Einfühlungsvermögen für andere Menschen zu erfahren, etwas, das vor dem Arbeiten dieses Schrittes nicht möglich war.

Während wir unsere persönliche Verbindung zu Gott suchen, beginnen wir, uns wie eine Blume in der Sonne zu öffnen. Wir fangen an zu begreifen, daß Gottes Liebe immer schon da war und nur darauf wartete, von uns angenommen zu werden. Wir machen die Fußarbeit und nehmen das an, was uns aus freien Stücken täglich gegeben wird. Wir stellen fest, daß es einfacher für uns wird, auf Gott zu vertrauen.

Wenn wir am Anfang in das Programm kommen, wollen wir gewöhnlich viele Dinge haben, die wichtige Bedürfnisse und Notwendigkeiten zu sein scheinen. Indem wir spirituell wachsen und eine Macht, größer als wir selbst, finden, erkennen wir, daß unsere Schwierigkeiten im Leben sich auf ein erträgliches Maß reduzieren, solange unsere spirituellen Bedürfnisse befriedigt werden. Wenn wir vergessen, wo unsere wahre Kraft liegt, werden wir leicht wieder den gleichen Denk- und Verhaltensmustern erliegen, die uns ursprünglich in das Programm brachten. Schließlich bestimmen wir unseren Glauben und unser Verständnis neu, bis wir den Punkt erreichen, an dem wir feststellen, daß unser größtes Verlangen darin liegt, Gottes Willen für uns zu erkennen und die Kraft zu haben, ihn auszuführen. Wir sind in der Lage, einige unserer persönlichen Vorlieben beiseite zu stellen, denn wir erkennen, daß Gottes Wille für uns aus den Dingen besteht, die wir am meisten schätzen. Gottes Wille für uns wird zu unserem eigenen wahren Willen. Dies geschieht intuitiv und kann nicht hinreichend in Worten wiedergeben werden.

Wir werden bereit, andere Menschen so zu lassen, wie sie sind, ohne daß wir über sie richten müssen. Die Dringlichkeit, alles auf die Reihe bringen zu müssen, ist nicht mehr da. Am Anfang war es uns nicht möglich zu erfassen, was Annahme bedeutet; heute können wir es.

Wir wissen, was auch immer der Tag uns bringt: Gott hat uns alles gegeben, was wir für unser geistiges Wohl brauchen. Es ist in Ordnung für uns, Machtlosigkeit zuzugeben, denn Gott ist mächtig genug, uns dabei zu helfen, clean zu bleiben und uns an unserem spirituellen Fortschritt zu erfreuen. Gott hilft uns, unser Haus in Ordnung zu bringen.

Wir fangen an, klarer zu erkennen, was wirklich ist. Durch ständigen Kontakt zu unserer Höheren Macht finden wir die Antworten, die wir suchen. Wir erlangen die Fähigkeit, das zu tun, was wir früher nicht konnten. Wir respektieren den Glauben anderer. Wir ermutigen Dich, Kraft und Führung gemäß Deinem Glauben zu suchen.

Wir sind dankbar für diesen Schritt, denn wir fangen an zu bekommen, was für uns das beste ist. Manchmal beteten wir um die Erfüllung unserer Wünsche und saßen in dem Augenblick in der Falle, in dem sie erfüllt wurden. Wir konnten beten und etwas erhalten, dann mußten wir darum bitten, daß es von uns genommen wird, da wir damit nicht umgehen konnten.

Wir können zuversichtlich den Elften Schritt als Leitfaden unseres täglichen Programms benutzen, da wir die Kraft der Gebete und die Verantwortung, die das Gebet mit sich bringt, erfahren haben.

Wir beginnen, nur um Gottes Willen für uns zu beten. Auf diese Weise erhalten wir nur das, womit wir auch umgehen können. Wir sind in der Lage, darauf zu reagieren und damit zurechtzukommen, weil Gott uns hilft, uns darauf vorzubereiten. Einige von uns benutzen einfach ihre eigenen Worte, um Gott für seine Gnade zu danken.

Mit einer Haltung der Kapitulation und Demut nähern wir uns diesem Schritt wieder und wieder, um die Gabe der Erkenntnis und der Kraft durch Gott, wie wir ihn verstehen, zu erhalten. Der Zehnte Schritt räumt die Fehler der Gegenwart aus dem Weg, so daß wir den Elften Schritt arbeiten können. Ohne diesen Schritt ist es kaum wahrscheinlich, daß wir ein spirituelles Erwachen erfahren und spirituelle Prinzipien in unserem Leben anwenden oder eine ausreichende Botschaft weitertragen können, um andere für Genesung zu interessieren. Es gibt ein spirituelles Prinzip, das weiterzugeben, was uns in Narcotics Anonymous gegeben wurde, um es uns zu erhalten. Indem wir anderen helfen, clean zu bleiben, genießen wir die Vorzüge des spirituellen Reichtums, den wir erlangt haben. Wir müssen das, was uns freizügig und dankbar gegeben wurde, ebenso freizügig und dankbar weitergeben.

SCHRITT ZWÖLF

"Nachdem wir als Ergebnis dieser Schritte ein spirituelles Erwachen erlebt hatten, versuchten wir, diese Botschaft an andere Süchtige weiterzugeben und unser tägliches Leben nach diesen Prinzipien auszurichten."

Wir kamen zu Narcotics Anonymous, weil unsere Vergangenheit in Trümmern lag. Das letzte, was wir erwarteten, war ein spirituelles Erwachen. Wir wollten nur, daß der Schmerz aufhört.

Die Schritte führen zu einem Erwachen spiritueller Art. Dieses Erwachen wird sichtbar durch die Veränderungen in unserem Leben. Diese Veränderungen verbessern unsere Fähigkeit, nach spirituellen Prinzipien zu leben und unsere Botschaft von Genesung und Hoffnung an Süchtige, die noch leiden, weiterzugeben. Die Botschaft ist jedoch ohne Bedeutung, wenn wir sie nicht LEBEN. Indem wir die Botschaft leben, geben wir ihr durch unser Leben und unsere Taten mehr Bedeutung, als Worte und Literatur dies jemals könnten.

Der Gedanke des spirituellen Erwachens nimmt in den verschiedenen Persönlichkeiten, die wir in der Gemeinschaft finden, die unterschiedlichsten Formen an. Jedoch haben alle spirituellen Erwachen etwas gemeinsames. Diese Gemeinsamkeiten beinhalten ein Ende der Einsamkeit und ein Gefühl für die Richtung unseres Lebens. Viele von uns glauben, daß ein spirituelles Erwachen bedeutungslos ist, wenn es nicht von einem wachsenden geistigen Frieden und einer Fürsorge für andere begleitet wird. Um den geistigen Frieden zu bewahren, bemühen wir uns, im Hier und Jetzt zu leben.

Diejenigen von uns, die diese Schritte, so gut sie konnten, gearbeitet haben, zogen viel Nutzen daraus. Wir glauben, daß dieser Nutzen ein unmittelbares Ergebnis davon ist, dieses Programm zu leben.

Wenn wir anfangen, die Befreiung von unserer Sucht zu genießen, laufen wir Gefahr, die Kontrolle über unser Leben wieder an uns zu nehmen. Wir vergessen die Qual und den Schmerz, die wir erfahren haben. Als wir Drogen nahmen, kontrollierte unsere Krankheit unser Leben. Sie ist bereit und wartet darauf, wieder die Macht zu übernehmen. Schnell vergessen wir, daß alle unsere vergangenen Anstrengungen, unser Leben in den Griff zu bekommen, fehlschlugen.

Inzwischen erkennen die meisten von uns, daß der einzige Weg zu bewahren, was uns gegeben wurde, darin besteht, dieses Geschenk des neuen Lebens mit den noch leidenden Süchtigen zu teilen. Dies ist die beste Absicherung gegen den Rückfall in das qualvolle Dasein des Nehmens. Wir nennen es die Botschaft weitergeben und tun dies auf vielerlei Art.

Im Zwölften Schritt praktizieren wir das spirituelle Prinzip, die NA-Botschaft der Genesung weiterzugeben, um sie zu bewahren. Sogar ein Mitglied mit einem Tag in der NA-Gemeinschaft kann die Botschaft weitergeben, daß dieses Programm funktioniert.

Wenn wir mit Neuen teilen, können wir darum bitten, als spirituelles Instrument unserer Höheren Macht benutzt zu werden. Wir erheben uns nicht zu Göttern. Wir bitten oft um die Hilfe einer oder eines anderen genesenden Süchtigen, wenn wir mit einem Neuankömmling teilen. Es ist ein Privileg, auf einen Hilferuf einzugehen. Wir, die wir in den Abgründen der Verzweiflung waren, sind froh, anderen bei ihrer Genesung helfen zu können.

Wir helfen den Neuankömmlingen, die Prinzipien von Narcotics Anonymous zu lernen. Wir versuchen, ihnen das Gefühl zu geben, willkommen zu sein und helfen ihnen zu lernen, was das Programm anzubieten hat. Wir teilen unsere Erfahrung, Kraft und Hoffnung. Wir begleiten Neuankömmlinge ins Meeting, wann immer dies möglich ist.

Der selbstlose Dienst dieser Arbeit ist das eigentliche Prinzip des Zwölften Schrittes. Wir erhielten unsere Genesung von dem Gott unseres Verständnisses. Wir machen uns zu seinem Werkzeug, um die Genesung mit jenen zu teilen, die sie suchen. Die meisten von uns lernen, daß wir unsere Botschaft nur an diejenigen weitergeben können, die um Hilfe bitten. Um Süchtige zu bewegen, Hilfe zu suchen, genügt manchmal allein die Kraft des Beispiels als Botschaft. Es kann sein, daß Süchtige leiden, jedoch nicht bereit sind, um Hilfe zu bitten. Wir können uns diesen Leuten zur Verfügung stellen, damit, wenn sie darum bitten, jemand da ist.

Lernen, anderen zu helfen, ist ein Gewinn, der uns durch das Narcotics Anonymous Programm zugute kommt. Es ist bemerkenswert, daß das Arbeiten der Zwölf Schritte uns aus Demütigung und Verzweiflung herausführt und uns zum Werkzeug unserer Höheren Macht werden läßt. Uns ist die Fähigkeit gegeben, Süchtigen zu helfen, wenn niemand anderes es vermag. Wir sehen, daß dies täglich zwischen uns geschieht. Dieser wunderbare Wandel ist der Beweis spirituellen Erwachens. Wir teilen aus unserer eigenen persönlichen Erfahrung heraus, wie es für uns war. Die Versuchung, Ratschläge zu geben, ist groß; wenn wir dies tun, verlieren wir die Achtung der Neuankömmlinge. Dies trübt unsere Botschaft. Eine einfache, ehrliche Botschaft der Genesung von der Sucht klingt glaubwürdig.

Wir gehen in die Meetings und stellen uns offen der Gemeinschaft zur Verfügung. Wir geben bereitwillig und dankbar unsere Zeit, unseren Dienst und das, was wir hier gefunden haben. Der Dienst, von dem wir in Narcotics

Anonymous sprechen, ist die Hauptaufgabe unserer Gruppen. Zu dienen bedeutet, die Botschaft an Süchtige weiterzugeben, die noch leiden. Je eifriger wir dies angehen und daran arbeiten, desto reicher wird unser spirituelles Erwachen sein.

Der erste Weg, auf welchem wir die Botschaft weitergeben, spricht für sich selbst. Leute sehen uns auf der Straße und erinnern sich an uns, als wir noch unaufrichtige, angstvolle, einzelgängerische Menschen waren. Sie sehen, daß die Angst aus unseren Gesichtern schwindet und wir allmählich zum Leben zurückkehren.

Wenn wir einmal den NA-Weg gefunden haben, haben Langeweile und Selbstgefälligkeit keinen Platz mehr in unserem neuen Leben. Indem wir clean bleiben, fangen wir an, spirituelle Prinzipien wie Hoffnung, Kapitulation, Annahme, Ehrlichkeit, Offenheit, Bereitschaft, Glaube, Vertrauen, Toleranz, Geduld, Demut, bedingungslose Liebe, Teilen und Fürsorge zu praktizieren. Im Verlauf unserer fortschreitenden Genesung berühren spirituelle Prinzipien alle Bereiche unseres Lebens, da wir einfach versuchen, dieses Programm im Hier und Jetzt zu leben.

Wenn wir anfangen zu lernen, nach den Prinzipien der Genesung zu leben, finden wir Freude. Wir meinen die Freude, die wir dabei empfinden, wenn eine Person mit zwei Tagen clean zu einer Person mit einem Tag clean sagt: "Ein Süchtiger oder eine Süchtige allein ist in schlechter Gesellschaft." Wir meinen die Freude, die wir dabei empfinden, wenn wir Süchtige sehen, die, während sie anderen Süchtigen helfen, clean zu bleiben, darum ringen, die richtigen Worte zu finden, um die Botschaft der Genesung weitergeben zu können.

Wir stellen fest, daß unser Leben sich lohnt. Spirituell erneuert sind wir glücklich, am Leben zu sein. Als wir Drogen nahmen, wurde unser Leben zu einem Überlebenstraining. Jetzt leben wir mehr, als daß wir überleben. Indem wir erkennen, daß clean zu bleiben das Wichtigste ist, können wir uns am Leben freuen. Es gefällt uns, clean zu sein, und es bereitet uns Freude, die Botschaft der Genesung an Süchtige, die noch leiden, weiterzugeben. In Meetings zu gehen funktioniert wirklich.

Das Anwenden der spirituellen Prinzipien in unserem täglichen Leben führt uns zu einem neuen Bild von uns selbst. Ehrlichkeit, Demut und Offenheit helfen uns, unsere Mitmenschen fair zu behandeln. Unsere Entscheidungen werden durch Toleranz gemäßigt. Wir lernen, uns selbst zu respektieren.

Die Lektionen, die wir in unserer Genesung lernen, sind zuweilen bitter und schmerzhaft. Indem wir anderen helfen, erhalten wir zur Belohnung Selbstachtung, weil wir in der Lage sind, diese Lektionen mit anderen Mitgliedern von Narcotics Anonymous zu teilen. Wir können andere Süchtige nicht vor Schmerzen bewahren, aber wir können die Botschaft der Hoffnung weitergeben, die uns durch andere Süchtige in Genesung gegeben wurde. Wir teilen die Prinzipien der Genesung so, wie sie in unserem Leben funktioniert haben. Gott hilft uns, während wir uns gegenseitig helfen. Das Leben erhält einen neuen Sinn, eine neue Freude und eine Qualität des Seins und Fühlens, die sich lohnt. Wir werden spirituell erneuert und sind froh, am Leben zu sein. Ein Aspekt unseres spirituellen Erwachens kommt von dem neuen Verständnis unserer Höheren Macht, das wir entwickeln, indem wir an der Genesung anderer Süchtiger teilhaben.

Ja, wir sind eine Vision von Hoffnung. Wir sind Beispiele dafür, daß das Programm funktioniert. Die Freude, die wir am cleanen Leben haben, ist eine Anziehung für Süchtige, die noch leiden.

Wir genesen, um clean und glücklich zu leben. Willkommen bei NA. Die Schritte hören hier nicht auf. Die Schritte sind ein neuer Anfang!

KAPITEL FÜNF

WAS KANN ICH TUN?

Fang Dein eigenes Programm mit Schritt Eins aus dem vorhergehenden Kapitel "Wie es funktioniert" an. Wenn wir uns aus tiefstem Herzen eingestehen, daß wir unserer Sucht gegenüber machtlos sind, haben wir in unserer Genesung einen großen Schritt zurückgelegt. Viele von uns hatten an diesem Punkt einige Vorbehalte. Gib Dir deshalb selbst eine Chance und sei von Anfang an so sorgfältig wie möglich. Mach weiter mit Schritt Zwei und den darauf folgenden Schritten. Du wirst dadurch zu einem eigenen Verständnis des Programms kommen. Solltest Du in irgendeiner Einrichtung sein und zur Zeit keine Drogen nehmen, kannst Du diese Lebensweise mit klarem Kopf ausprobieren.

Setz Dein tägliches Programm nach Deiner Entlassung fort und nimm Kontakt zu einem NA-Mitglied auf. Tu dies schriftlich, telefonisch oder persönlich. Noch besser ist es, wenn Du zu unseren Meetings kommst. Hier wirst Du Antworten auf einige Fragen finden, die Dich vielleicht im Moment verwirren.

Wenn Du nicht in einer Einrichtung bist, gilt das Gleiche. Nimm heute keine Drogen. Die meisten von uns können etwas acht bis zwölf Stunden durchhalten, was für einen längeren Zeitraum unmöglich scheint. Wenn das Verlangen nach Drogen Dich zu überwältigen droht, setz Dir als Ziel, für fünf Minuten clean zu bleiben. Aus Minuten werden Stunden, aus Stunden Tage, und so wirst Du Deine Gewohnheit, Drogen zu nehmen, los und etwas inneren Frieden finden. Das eigentliche

Wunder geschieht, wenn Du feststellst, daß das zwanghafte Verlangen nach Drogen auf irgendeine Weise von Dir nommen worden ist. Du nimmst nichts mehr und hast gefangen zu leben.

Der erste Schritt zur Genesung ist, mit Drogen aufzuhören. Wir können nicht erwarten, daß das Programm für uns funktioniert, wenn unser Geist und Körper noch von Drogen getrübt sind. Wir können überall aufhören, sogar im Gefängnis oder in einer Anstalt. Wir tun dies so, wie wir es können, ob kalter Entzug oder klinische Entgiftung, Hauptsache wir werden clean.

Ein Vorhaben, das wir angehen können, ist, das Konzept von Gott, wie wir ihn verstehen, zu entwickeln. Ebenso können wir die Schritte benutzen, um unsere Einstellungen zu verbessern. Unser bestes Denken brachte uns in Schwierigkeiten. Wir erkennen, daß eine Veränderung notwendig ist. Unsere Krankheit umfaßte weit mehr, als nur Drogen zu nehmen, daher muß auch unsere Genesung weit mehr als nur Abstinenz beinhalten. Genesung bedeutet eine aktive Änderung unserer Vorstellungen und Einstellungen.

Die Fähigkeit, sich Problemen zu stellen, ist notwendig, um clean zu bleiben. Wenn wir in der Vergangenheit Probleme hatten, so ist es unwahrscheinlich, daß bloße Abstinenz diese Probleme lösen wird. Schuld und Sorgen können uns davon abhalten, im Hier und Jetzt zu leben. Die Leugnung unserer Krankheit und andere Vorbehalte halten uns krank. Viele von uns haben das Gefühl, daß sie unmöglich ein glückliches Leben ohne Drogen haben können. Wir leiden an Angst und Wahnsinn und haben das Gefühl, daß es kein Entkommen von dem Drogennehmen gibt. Es kann sein, daß wir befürchten, von unseren Freunden und Freundinnen zurückgestoßen zu werden, wenn wir clean werden. Diese Gefühle treten bei Süchtigen, die Genesung suchen, häufig auf. Es könnte sein, daß wir an einem überempfindlichen Ego leiden. Einige der üblichsten Entschuldigungen für das Drogennehmen sind

Einsamkeit, Selbstmitleid und Angst. Unehrlichkeit, Engstirnigkeit und fehlende Bereitschaft sind drei unserer größten Feinde. Selbstbesessenheit ist der Kern unserer Krankheit.

Wir haben gelernt, daß uns alte Denk- und Verhaltensweisen nicht dabei helfen, clean zu bleiben oder ein besseres Leben zu führen. Wenn wir es zulassen, daß wir auf der Stelle treten und uns an überheblicher Imagepflege und tödlicher Kaltschnäuzigkeit festklammern, so ergeben wir uns den Symptomen unserer Krankheit. Eines der Probleme besteht darin, daß wir es einfacher fanden, unsere Wahrnehmung der Realität zu ändern, als die Realität selbst. Wir müssen dieses alte Konzept aufgeben und der Tatsache ins Auge sehen, daß die Realität und das Leben weitergehen, egal, ob wir sie nun akzeptieren oder nicht. Wir können nur unsere Reaktionen und die Art ändern, in der wir uns selbst sehen. Dies ist notwendig für uns, um akzeptieren zu können, daß Veränderung allmählich erfolgt und Genesung ein fortschreitender Prozeß ist.

Ein Meeting pro Tag für die ersten neunzig Tage der Genesung ist eine gute Idee. Es ist für Süchtige ein besonderes Gefühl, wenn sie entdecken, daß es andere Menschen gibt, die ihre vergangenen und gegenwärtigen Schwierigkeiten teilen. Am Anfang können wir kaum mehr tun, als Meetings zu besuchen. Wahrscheinlich können wir uns nicht mehr an ein einziges Wort, eine Person, einen Gedanken aus unserem ersten Meeting erinnern. Mit der Zeit können wir uns entspannen und uns der Atmosphäre der Genesung erfreuen. Meetings stärken unsere Genesung. Zuerst sind wir möglicherweise verängstigt, weil wir niemanden kennen. Einige denken, sie brauchen keine Meetings. Wenn wir jedoch Schmerzen haben, gehen wir ins Meeting und finden Erleichterung. Meetings halten uns mit dem in Kontakt, wo wir hergekommen sind; doch wichtiger ist es, daß sie uns mit dem in Verbindung bringen, wohin wir in unserer Genesung gehen könnten. Wenn wir regelmäßig in Meetings gehen, lernen wir, wie wertvoll es ist, mit anderen Süchtigen zu reden, die unsere Probleme und Ziele teilen. Wir müssen uns öffnen und die Liebe und das Verständnis annehmen, die wir brauchen, um uns zu verändern. Wenn wir mit der Gemeinschaft und ihren Prinzipien vertraut werden und diese in die Tat umsetzen, beginnen wir zu wachsen. Wir bemühen uns um unsere offensichtlichsten Probleme und lassen den Rest los. Wir tun das, was gerade anliegt, und während wir weitergehen, ergeben sich neue Möglichkeiten zur Verbesserung.

Unsere neuen Freundinnen und Freunde aus der Gemeinschaft werden uns helfen. Unsere gemeinschaftliche Anstrengung dient der Genesung. Clean stellen wir uns gemeinsam der Welt. Wir brauchen uns nicht länger ins Abseits gedrängt zu fühlen, den Ereignissen und Umständen auf Gedeih und Verderb ausgeliefert. Es macht viel aus, Freundinnen und Freunde zu haben, die sich sorgen, wenn wir Schmerzen haben. Wir finden unseren Platz in der Gemeinschaft, und wir schließen uns einer Gruppe an, deren Meetings uns bei unserer Genesung helfen. Wir sind so lange nicht vertrauenswürdig gewesen, daß die meisten unserer Freundinnen, Freunde und Familienangehörigen an unserer Genesung zweifeln. Sie denken, sie wird nicht lange andauern. Wir brauchen Menschen, die unsere Krankheit und unseren Genesungsprozeß verstehen. In den Meetings können wir mit anderen Süchtigen teilen, Fragen stellen und mehr über unsere Krankheit erfahren. Wir lernen, auf eine neue Art zu leben. Wir sind nicht mehr auf unsere alten Denkweisen beschränkt.

Schrittweise ersetzen wir alte Gewohnheiten durch neue Formen des Lebens. Wir werden bereit, uns zu ändern. Wir gehen regelmäßig zu Meetings, erhalten und benutzen Telefonnummern, lesen Literatur und, was das wichtigste ist, nehmen keine Drogen mehr. Wir lernen, mit anderen zu teilen. Wenn wir Schmerzen haben und dies nicht sagen, wird dies selten von alleine erkannt. Wenn wir die Hand nach Hilfe ausstrecken, so werden wir Hilfe erhalten.

Eine weitere Hilfe für die Neuankömmlinge ist die Anteilnahme an der Gemeinschaft. Indem wir uns beteiligen, lernen wir das Programm an die erste Stelle zu setzen und andere Dinge leichter zu nehmen. Wir fangen damit an, indem wir um Hilfe bitten und die Empfehlungen der Leute aus dem Meeting ausprobieren. Es ist von Vorteil für uns, wenn wir es zulassen, daß andere aus der Gruppe uns helfen. Mit der Zeit werden wir fähig, das weiterzugeben, was uns gegeben wurde. Wir lernen, daß der Dienst an anderen uns von unserer Selbstbezogenheit wegbringt. Unsere Arbeit kann mit einfachen Tätigkeiten beginnen: Aschenbecher leeren, Kaffee kochen, Aufräumen, ein Meeting vorbereiten, Türen aufschließen, ein Meeting leiten und Literatur auslegen. Diese Dinge zu tun hilft uns, uns als Teil der Gemeinschaft zu fühlen.

Wir haben es als hilfreich empfunden, einen Sponsor bzw. eine Sponsorin zu haben und sie auch in Anspruch zu nehmen. Sponsorenschaft beruht auf Gegenseitigkeit. Sie hilft sowohl den Neuankömmlingen wie auch der Sponsorin und dem Sponsor. Die Cleanzeit des Sponsors bzw. der Sponsorin und ihre Erfahrungen können ohne weiteres von der Anzahl verfügbarer Sponsoren und Sponsorinnen vor Ort abhängen. Eine Sponsorenschaft für Neuankömmlinge liegt auch in der Verantwortung der Gruppe. Sponsorenschaft gehört dazu und wird frei gestaltet. Obwohl sie nicht besonders hervorgehoben und zwanglos gehandhabt wird, ist sie jedoch der Kern des NA-Weges der Genesung von Sucht — Süchtige helfen einander.

Eine der tiefgreifendsten Änderungen in unserem Leben liegt in dem Bereich unserer persönlichen Beziehungen zu anderen. Unsere ersten Kontakte mit anderen beginnen oft mit unseren Sponsoren und Sponsorinnen. Als Neuankömmlinge ist es für uns einfacher, eine Person zu haben, deren Urteil wir Glauben schenken und der wir uns anvertrauen können. Wir stellen fest, daß das Vertrauen zu anderen mit größerer Erfahrung eher eine Stärke als eine Schwäche bedeutet. Unsere Erfahrung zeigt uns, daß die Arbeit in den Schritten unsere beste Garantie gegen den Rückfall ist. Unsere Sponsorinnen und Sponsoren, Freunde und Freundinnen können uns beraten und uns zeigen, wie die Schritte zu arbeiten sind. Wir können darüber sprechen, was die Schritte bedeuten. Sie können uns helfen, uns auf die spirituelle Erfahrung des Lebens der Schritte vorzubereiten. Wenn wir Gott, so wie wir Ihn verstehen, um Hilfe bitten, erweitert sich unser Verständnis der Schritte. Sind wir vorbereitet, dann müssen wir unsere neu gefundene Lebensweise ausprobieren. Wir machen die Erfahrung, daß das Programm nicht wirksam wird, wenn wir versuchen, es unserem Leben anzupassen. Wir müssen lernen, unser Leben dem Programm anzupassen.

Heute suchen wir nach Lösungen, nicht nach Problemen. Wir probieren aus, was wir durch Erfahrung gelernt haben. Wir behalten das, was wir brauchen und verzichten auf den Rest. Wir stellen fest, daß wir spirituell wachsen, wenn wir in den Schritten arbeiten, Kontakt zu unserer Höheren Macht herstellen, mit unserem Sponsor und unserer Sponsorin sprechen und mit Neuankömmlingen teilen.

Die Zwölf Schritte werden als ein Programm der Genesung benutzt. Wir erfahren, daß wir uns an unsere Höhere Macht wenden können, wenn es um die Lösung von Problemen geht. Wenn wir mit anderen Schwierigkeiten teilen, vor denen wir früher weggelaufen wären, erfahren wir ein gutes Gefühl, das uns die Kraft gibt, nach Gottes Willen für uns zu suchen.

Wir glauben, daß unsere Höhere Macht für uns sorgen wird. Wenn wir aufrichtig versuchen, Gottes Willen nach unseren besten Kräften auszuführen, so können wir mit allem fertig werden, was uns widerfährt. Die Suche nach dem Willen unserer Höheren Macht ist ein spirituelles Prinzip, das in den Schritten gefunden wird. In den Schritten arbeiten und die Prinzipien anwenden, macht unser Leben einfacher und ändert unsere alten Einstellungen. Wenn wir eingestehen, daß wir unser Leben nicht mehr meistern können, brauchen wir nicht länger auf unserem Standpunkt zu bestehen. Wir müssen uns so annehmen, wie wir sind. Wir brauchen nicht länger recht zu haben. Wenn wir uns diese Freiheit geben, können wir anderen zugestehen, unrecht zu haben. Wenn wir uns selbst angenommen haben, erlangen wir die Freiheit, uns zu ändern.

Das Teilen mit anderen Süchtigen ist ein grundlegendes Hilfsmittel in unserem Programm. Diese Hilfe kann allein von anderen Süchtigen kommen. Es ist diese Hilfe, die sagt: "Mir ging es genauso, und ich tat dies ... ". Mit allen, die unsere Art zu leben anstreben, teilen wir Erfahrung, Kraft und Hoffung, anstatt zu predigen und zu urteilen. Wenn das Teilen der Erfahrungen mit unseren Schmerzen auch nur einem einzigen Menschen geholfen hat, dann war es das Leiden wert. Wir stärken unsere eigene Genesung, wenn wir sie mit anderen teilen, die um Hilfe bitten. Wenn wir das zurückhalten, was wir zu teilen haben, so verlieren wir es. Worte bedeuten nichts, wenn wir sie nicht in Taten umsetzen.

Wenn wir fähig sind, die Hand auszustrecken und anderen zu helfen, bemerken wir, daß wir spirituell gewachsen sind. Wir helfen anderen, wenn wir am NA-Service teilnehmen und versuchen, die Botschaft der Genesung an die Süchtigen, die noch leiden, weiterzugeben. Wir erfahren, daß wir das, was wir haben, nur behalten können, indem wir es weitergeben. Ebenso zeigt uns die Erfahrung, daß viele persönliche Probleme gelöst werden, wenn wir aus uns herausgehen und denjenigen helfen, die Hilfe benötigen. Wir erkennen, daß Süchtige am besten andere Süchtige verstehen und ihnen helfen können. Unabhängig davon, wieviel wir geben, es gibt immer andere hilfesuchende Süchtige.

Wir können es uns nicht leisten, die Wichtigkeit der Sponsorenschaft und das besondere Interesse an verwirrten Süchtigen, die mit Drogen aufhören möchten, aus dem Auge zu verlieren. Die Erfahrung zeigt deutlich, daß diejenigen am meisten vom NA-Programm profitieren, die Sponsorenschaft wichtig nehmen. Die Verantwortung, ein Sponsor oder eine Sponsorin zu sein, wird von uns begrüßt und als Gelegenheit angenommen, unsere persönliche NA-Erfahrung zu bereichern.

Die Arbeit mit anderen ist nur der Anfang der Service-Arbeit. Der NA-Service ermöglicht es uns, viel von unserer Zeit dafür zu verwenden, direkt den leidenden Süchtigen zu helfen und sicherzustellen, daß auch Narcotics Anonymous selbst überlebt. So behalten wir, was wir haben, indem wir es weitergeben.

KAPITEL SECHS

DIE ZWÖLF TRADITIONEN VON NARCOTICS ANONYMOUS

Wir können, was wir haben, nur mit Sorgfalt bewahren, und so wie die Freiheit für die einzelnen von den Zwölf Schritten kommt, so entsteht Freiheit für die Gruppe aus unseren Traditionen.

Solange die Bande, die uns zusammenhalten, stärker sind als das, was uns trennt, ist alles gut.

1. *Unser gemeinsames Wohlergehen sollte an erster Stelle stehen; die Genesung der einzelnen beruht auf der Einigkeit NAs.*
2. *Für den Sinn und Zweck unserer Gemeinschaft gibt es nur eine höchste Autorität — einen liebenden Gott, wie er sich in unserem Gruppengewissen zu erkennen gibt. Unsere Vertrauensleute sind nur betraute Dienerinnen und Diener, sie herrschen nicht.*
3. *Die einzige Voraussetzung für die NA-Zugehörigkeit ist das Verlangen, mit Drogen aufzuhören.*
4. *Jede Gruppe sollte autonom sein, außer in Angelegenheiten, die andere Gruppen oder die NA-Gemeinschaft als Ganzes angehen.*
5. *Die Hauptaufgabe jeder Gruppe ist es, die Botschaft zu den Süchtigen zu bringen, die noch leiden.*
6. *Eine NA-Gruppe sollte niemals eine verwandte Einrichtung oder ein außenstehendes Unternehmen unterstützen, finanzieren oder den NA-Namen zur Verfügung stellen, damit uns nicht Geld-, Besitz- oder Prestigeprobleme von unserer Hauptaufgabe ablenken.*

7. *Jede NA-Gruppe sollte sich vollständig selbst erhalten und Zuwendungen von außen ablehnen.*
8. *Narcotics Anonymous sollte immer nichtprofessionell bleiben, jedoch können unsere Dienstzentralen Angestellte beschäftigen.*
9. *NA als solches sollte niemals organisiert werden. Jedoch können wir Dienst-Ausschüsse oder -Komitees bilden, die denjenigen direkt verantwortlich sind, welchen sie dienen.*
10. *Narcotics Anonymous hat keine Meinung zu Fragen außerhalb der Gemeinschaft. Daher sollte der NA-Name niemals in die öffentliche Auseinandersetzung verwickelt werden.*
11. *Unsere Beziehung zur Öffentlichkeit stützt sich auf Anziehung anstatt auf Werbung. Wir müssen stets persönliche Anonymität gegenüber Presse, Rundfunk und Film bewahren.*
12. *Anonymität ist die spirituelle Grundlage aller unserer Traditionen und soll uns ständig daran erinnern, Prinzipien über Personen zu stellen.*

Ein Verständnis dieser Traditionen stellt sich langsam im Verlauf der Zeit ein. Wir nehmen Informationen auf, indem wir mit Mitgliedern sprechen und verschiedene Gruppen besuchen. Gewöhnlich geschieht es erst, wenn wir uns an der Service-Arbeit beteiligen, daß uns jemand klarmacht, daß "persönliche Genesung auf der Einigkeit NAs beruht" und diese Einigkeit davon abhängt, wie gut wir unseren Traditionen folgen. Über die Zwölf Traditionen von NA gibt es nichts zu verhandeln. Sie sind die Richtlinien, die unsere Gemeinschaft lebendig und frei erhalten.

Wenn wir diesen Richtlinien in unserem Umgang mit anderen und der Gesellschaft als Ganzem folgen, vermeiden wir viele

Probleme. Dies bedeutet nicht, daß unsere Traditionen alle Probleme beseitigen. Wir haben uns immer noch auftretenden Schwierigkeiten zu stellen: Verständigungsschwierigkeiten, unterschiedliche Auffassungen, interne Meinungsverschiedenheiten und Probleme mit einzelnen und Gruppen außerhalb der Gemeinschaft. Wenn wir jedoch diese Prinzipien anwenden, so können wir einige Stolpersteine umgehen.

Mit vielen unserer Probleme wurden auch schon unsere Vorgängerinnen und Vorgänger konfrontiert. Aus ihren schwer gewonnenen Erfahrungen entstanden die Traditionen, und unsere eigene Erfahrung hat gezeigt, daß diese Prinzipien heute ebensoviel Gültigkeit besitzen wie damals, als die Traditionen formuliert wurden. Unsere Traditionen schützen uns vor den inneren und äußeren Kräften, die uns zerstören könnten. Sie sind wirklich die Bande, die uns zusammenhalten. Allein durch Verständnis und Anwendung funktionieren sie.

TRADITION EINS

"Unser gemeinsames Wohlergehen sollte an erster Stelle stehen; die Genesung der einzelnen beruht auf der Einigkeit NAs."

In unserer Ersten Tradition geht es um Einigkeit und unser gemeinsames Wohlergehen. Eine der wichtigsten Tatsachen in unserer neuen Lebensweise ist, daß wir Teil einer Gruppe von Süchtigen sind, die Genesung suchen. Unser Überleben steht in unmittelbarem Zusammenhang mit dem Überleben der Gruppe und der Gemeinschaft. Um die Einigkeit innerhalb von Narcotics Anonymous zu bewahren, ist es unbedingt notwendig, daß die Gruppe beständig bleibt, andernfalls geht die gesamte Gemeinschaft zugrunde, und die einzelnen sterben.

Erst als wir zu Narcotics Anonymous kamen, wurde Genesung möglich. Dieses Programm kann für uns das tun, was wir selbst für uns nicht tun konnten. Wir wurden Teil einer

Gruppe und stellten fest, daß wir genesen konnten. Wir erfuhren, daß diejenigen, die nicht weiter aktiv an der Gemeinschaft teilnahmen, schweren Zeiten entgegengingen. Die einzelnen sind wertvoll für die Gruppe, und die Gruppe ist wertvoll für die einzelnen. Wir haben nie zuvor die Aufmerksamkeit und persönliche Anteilnahme erfahren, die wir im Programm fanden. Wir werden akzeptiert und geliebt, so wie wir sind, und nicht, obwohl wir so sind. Niemand kann unsere Mitgliedschaft kündigen oder uns zu etwas zwingen, was wir nicht tun wollen. Wir folgen dieser Lebensweise eher durch Beispiel als durch Anweisung. Wir teilen unsere Erfahrung und lernen voneinander. In unserer Sucht setzten wir unsere eigenen Bedürfnisse ständig vor alles andere. Bei Narcotics Anonymous stellen wir fest, daß das Beste für die Gruppe gewöhnlich auch für uns gut ist.

Unsere persönlichen Erfahrungen während unserer Drogenzeit unterschieden sich voneinander. Als Gruppe haben wir jedoch viele Gemeinsamkeiten in unserer Sucht gefunden. Eine davon war das Bedürfnis, unsere Unabhängigkeit zu beweisen. Wir hatten uns eingeredet, daß wir es alleine schaffen könnten und führten unser Leben auf dieser Grundlage fort. Die Ergebnisse waren niederschmetternd, und am Ende mußten wir uns alle eingestehen, daß die Unabhängigkeit eine Lüge war. Dieses Eingeständnis war der Ausgangspunkt unserer Genesung und ist ein wichtiger Punkt der Einigkeit für die Gemeinschaft. In unserer Sucht hatten wir Gemeinsamkeiten, und wir stellen fest, daß wir auch in unserer Genesung vieles gemeinsam haben. Wir teilen einen gemeinsamen Wunsch, clean zu bleiben. Wir haben gelernt, uns auf eine Macht, größer als wir selbst, zu verlassen. Unsere Aufgabe ist es, die Botschaft den Süchtigen zu bringen, die noch leiden. Unsere Traditionen sind die Richtlinien, die uns vor uns selbst schützen. Sie sind unsere Einigkeit.

Einigkeit ist ein Muß bei Narcotics Anonymous. Das soll nicht heißen, daß wir nicht unsere Meinungsverschiedenheiten oder Konflikte hätten; die haben wir. Immer wenn Menschen zusammenkommen, gibt es unterschiedliche Meinungen. Wir können jedoch verschiedener Meinung sein und streiten, ohne ausfallend zu werden. Immer und immer wieder haben wir während Krisen unsere Meinungsverschiedenheiten beiseitegestellt und für das gemeinsame Wohl gearbeitet. Wir haben gesehen, wie zwei Mitglieder, die normalerweise nicht miteinander auskommen, gemeinsam mit Neuankömmlingen arbeiten. Wir haben gesehen, wie eine Gruppe einfache Arbeiten verrichtete, um die Miete für ihren Meeting-Raum zu bezahlen. Wir haben gesehen, wie Mitglieder hunderte von Kilometern fuhren, um eine neue Gruppe zu unterstützen. Diese und viele andere Taten sind in unserer Gemeinschaft alltäglich. Ohne diese Taten könnte NA nicht überleben.

Wir müssen gemeinsam als Gruppe zusammen leben und arbeiten, um sicherzustellen, daß unser Schiff nicht in einem Sturm untergeht und unsere Mitglieder nicht umkommen. Mit dem Glauben an eine Macht, größer als wir selbst, mit harter Arbeit und mit Einigkeit werden wir überleben und unsere Botschaft weiter zu den Süchtigen bringen, die noch leiden.

TRADITION ZWEI

"Für den Sinn und Zweck unserer Gemeinschaft gibt es nur eine höchste Autorität — einen liebenden Gott, wie Er sich in unserem Gruppengewissen zu erkennen gibt. Unsere Vertrauensleute sind nur betraute Dienerinnen und Diener, sie herrschen nicht."

Bei Narcotics Anonymous geht es uns darum, uns vor uns selbst zu schützen. Unsere Zweite Tradition ist hierfür ein Beispiel. Wir sind von Natur aus willensstarke, selbstbezogene Menschen, die in NA zusammengewürfelt sind. Wir sind schlechte Managerinnen und Manager, und niemand von uns ist in der Lage, durchgehend gute Entscheidungen zu treffen.

Anstatt auf persönliche Meinung oder Ego, verlassen wir uns bei Narcotics Anonymous auf einen liebenden Gott, so wie Er sich in unserem Gruppengewissen zu erkennen gibt. Indem wir die Schritte arbeiten, lernen wir, uns auf eine Macht, größer als wir selbst, zu verlassen und diese Macht für unsere Gruppenziele zu benutzen. Wir müssen ständig aufpassen, daß unsere Entscheidungen wirklich ein Ausdruck von Gottes Willen sind. Oft gibt es einen gewaltigen Unterschied zwischen dem Gruppengewissen und der Gruppenmeinung, die durch starke Persönlichkeiten oder Beliebtheit bestimmt sein kann. Einige unserer schmerzlichsten Wachstumserfahrungen waren das Ergebnis von Entscheidungen, die im Namen des Gruppengewissens getroffen wurden. Wahre spirituelle Prinzipien befinden sich niemals im Konflikt; sie ergänzen sich. Das spirituelle Bewußtsein einer Gruppe wird niemals im Gegensatz zu irgendeiner unserer Traditionen stehen.

Die Zweite Tradition befaßt sich mit der Art der Führerschaft bei NA. Wir haben gelernt, daß in unserer Gemeinschaft Führung durch Beispiel und selbstlosen Dienst funktioniert. Vorschriften und Manipulation schlagen fehl. Wir entschieden uns, keine Vorgesetzten, Präsidentinnen oder Präsidenten, Direktoren oder Direktorinnen zu haben. Statt dessen haben wir Sekretäre oder Sekretärinnen, Kassenwartinnen oder Kassenwarte und Repräsentanten oder Repräsentantinnen. Diese Bezeichnungen weisen eher auf Dienst- als auf Kontrollfunktionen hin. Unsere Erfahrung zeigt, daß eine Gruppe dann ihre Wirksamkeit verliert, wenn sie zum verlängerten Arm der Persönlichkeit eines Führers, einer Führerin oder eines Mitgliedes wird. Eine Atmosphäre der Genesung in unseren Gruppen ist eines unserer größten Guthaben, und wir müssen sie sorgsam behüten, sonst treten Interessenpolitik und Persönlichkeiten an ihre Stelle.

Diejenigen unter uns, die an Service-Arbeit teilnehmen oder sich an der Gründung einer Gruppe beteiligen, tun sich zuweilen schwer daran loszulassen. Egos, unbegründeter Stolz und Eigenwille zerstören eine Gruppe, wenn wir sie walten lassen. Wir müssen daran denken, daß Ämter im Vertrauen übergeben werden, daß wir betraute Diener und Dienerinnen sind und daß niemand von uns zu irgendeiner Zeit regiert. Narcotics Anonymous ist ein von Gott gegebenes Programm, und wir können unsere Gruppe nur mit einem Gruppengewissen und Gottes Liebe in Würde erhalten.

Einige werden sich sträuben. Jedoch werden viele zu Vorbildern für Neuankömmlinge. Selbstsüchtige finden bald heraus, daß sie sich im Abseits befinden, daß sie Uneinigkeit und letztendlich ihr eigenes Unglück verursachen. Viele von ihnen verändern sich; sie lernen, daß wir nur von einem liebenden Gott, wie Er sich in unserem Gruppengewissen zu erkennen gibt, geführt werden können.

TRADITION DREI

"Die einzige Voraussetzung für die NA-Zugehörigkeit ist das Verlangen, mit Drogen aufzuhören."

Diese Tradition ist sowohl für die einzelnen als auch für die Gruppe wichtig. Verlangen ist das Schlüsselwort; das Verlangen ist die Grundlage unserer Genesung. In unseren Geschichten und in unseren Erfahrungen, die wir machten, während wir versuchten, die Botschaft der Genesung zu den noch leidenden Süchtigen zu bringen, ist eine schmerzliche Tatsache des Lebens immer wieder aufgetaucht: Süchtige, die nicht aufhören wollen zu nehmen, werden nicht aufhören zu nehmen. Sie können analysiert, beraten, bedroht, geschlagen oder eingesperrt werden, es kann an ihre Vernunft appelliert und für sie gebetet werden, aber sie werden nicht aufhören, solange sie nicht wollen. Das einzige, was wir von unseren Mitgliedern fordern, ist, daß sie dieses Verlangen haben. Ohne es sind sie verloren, aber mit ihm können Wunder geschehen.

Verlangen ist unsere einzige Voraussetzung. Sucht macht keine Unterschiede. Diese Tradition stellt sicher, daß Süchtige unabhängig von den genommenen Drogen, der Rasse, dem religiösen Glauben, dem Geschlecht, den sexuellen Vorlieben oder der finanziellen Situation frei sind, den NA-Lebensweg zu praktizieren. Mit "... dem Verlangen, mit Drogen aufzuhören" als einziger Bedingung für die Mitgliedschaft, können Süchtige anderen Süchtigen nicht überlegen sein. Alle süchtigen Menschen sind willkommen und gleich, die Erleichterung von ihrer Sucht zu erhalten, die sie suchen; alle Süchtigen können in diesem Programm auf einer gleichen Grundlage genesen. Diese Tradition garantiert unsere Freiheit zu genesen.

Mitgliedschaft bei Narcotics Anonymous tritt nicht automatisch ein, wenn jemand zur Tür hereinkommt oder wenn ein Neuankömmling beschließt, keine Drogen mehr zu nehmen. Die Entscheidung, Teil unserer Gemeinschaft zu werden, obliegt den einzelnen. Alle Süchtigen, die den Wunsch haben, mit Drogen aufzuhören, können Mitglied von NA werden. Wir sind Süchtige, und unser Problem ist Sucht.

Die Entscheidung für die Mitgliedschaft liegt bei den einzelnen. Wir fühlen, daß der Idealzustand unserer Gemeinschaft dann existiert, wenn Süchtige frei und offen zu einem NA-Meeting kommen können, wann und wo immer sie wollen, und ebenso frei wieder gehen können. Wir erkennen, daß Genesung eine Realität ist und das Leben ohne Drogen besser ist, als wir es uns jemals vorgestellt hatten. Wir öffnen unsere Türen für andere Süchtige in der Hoffnung, daß sie das finden können, was wir gefunden haben. Aber wir wissen, daß nur diejenigen, die das Verlangen haben, mit allen Drogen aufzuhören, und wollen, was wir anzubieten haben, uns auf unserem Lebensweg begleiten werden.

TRADITION VIER

"Jede Gruppe sollte autonom sein, außer in Angelegenheiten, die andere Gruppen oder die NA-Gemeinschaft als Ganzes angehen."

Die Autonomie unserer Gruppen ist für unser Überleben notwendig. Das Wörterbuch definiert autonom als "das Recht oder die Macht zur Selbstbestimmung ... durchgeführt oder fortgeführt, ohne äußere Kontrolle". Das bedeutet, unsere Gruppen regeln ihre Angelegenheiten selbst und unterliegen keiner Kontrolle. Jede Gruppe mußte selbst bestehen und wachsen.

Jemand könnte fragen: "Sind wir tatsächlich autonom? Haben wir nicht bei NA-Dienstkomitees, Büros, Veranstaltungen, Kontakt-Telefone und andere Aktivitäten?" Diese Dienste nutzen wir, damit sie uns in unserer Genesung helfen und die Hauptaufgabe unserer Gruppen unterstützen. Narcotics Anonymous ist eine Gemeinschaft von Männern und Frauen — Süchtige, die sich in Gruppen treffen und eine Anzahl gegebener spiritueller Prinzipien benutzen, um Freiheit von Sucht und einen neuen Lebensweg zu finden. Die erwähnten Dienste kommen von Mitgliedern, die genug Anteilnahme zeigen, um ihre Hand auszustrecken und Hilfe und Erfahrung anbieten, damit unser Weg leichter sein kann.

Eine Narcotics Anonymous Gruppe ist eine Gruppe, die sich regelmäßig an einem bestimmten Ort und zu bestimmter Zeit zum Zweck der Genesung trifft, vorausgesetzt, sie folgt den Zwölf Schritten und Zwölf Traditionen von Narcotics Anonymous. Es gibt zwei grundlegende Arten von Meetings: diejenigen, die für ein allgemeines Publikum offen sind, und solche, die für die Öffentlichkeit geschlossen sind (nur für Süchtige). Die Meetingsformate unterscheiden sich von Gruppe zu Gruppe erheblich; einige sind Teilnahme-, Sprecherinnen- oder Sprecher-, andere Frage- und Antwort-Meetings, und wieder andere befassen sich mit der Diskussion spezieller Probleme.

Welche Art oder welches Format eine Gruppe auch immer für ihre Meetings benutzt, die Funktion einer Gruppe ist immer die gleiche; es geht darum, ein geeignetes und zuverlässiges Umfeld für persönliche Genesung zu schaffen und diese Genesung zu fördern. Diese Traditionen sind Teil einer Anzahl spiritueller Prinzipien von Narcotics Anonymous, und ohne sie existiert NA nicht.

Autonomie verleiht unseren Gruppen die Freiheit, selbständig zu handeln, um eine Atmosphäre der Genesung zu schaffen, ihren Mitgliedern zu dienen und ihre Hauptaufgabe zu erfüllen. Daher behüten wir unsere Selbständigkeit so sorgfältig.

Es könnte den Anschein haben, daß wir in unseren Gruppen tun können, was wir entscheiden, ohne Rücksicht auf das, was irgendjemand sagt. Dies ist teilweise wahr. Jede Gruppe hat vollständige Freiheit, außer wenn ihre Handlungen andere Gruppen oder NA als Ganzes angehen. So wie das Gruppengewissen kann auch die Autonomie ein zweischneidiges Schwert sein. Die Autonomie der Gruppe ist benutzt worden, um die Verletzung der Traditionen zu rechtfertigen. Wenn ein Widerspruch existiert, dann sind wir von unseren Prinzipien abgekommen. Wenn wir sicherstellen, daß unsere Handlungen deutlich innerhalb der Grenzen unserer Traditionen liegen, wenn wir anderen Gruppen nichts vorschreiben oder sie zu nichts zwingen und wenn wir die Folgen unserer Handlungen im voraus einschätzen, wird alles gut sein.

TRADITION FÜNF

"Die Hauptaufgabe jeder Gruppe ist es, die Botschaft zu den Süchtigen zu bringen, die noch leiden."

"Ihr meint, daß es unsere Hauptaufgabe ist, die Botschaft weiterzutragen? Ich dachte, wir wären hier, um clean zu werden. Ich dachte, unsere Hauptaufgabe sei, von unserer Drogensucht zu genesen". Für die einzelnen ist dies sicherlich richtig; unsere Mitglieder sind hier, um Freiheit von der Sucht und einen neuen Lebensweg zu finden. Gruppen sind jedoch nicht süchtig und genesen nicht. Alles, was unsere Gruppen tun können, ist, die Samen der Genesung zu pflanzen und Süchtige zusammenzubringen, damit das Wunder von Einfühlungsvermögen, Ehrlichkeit, Anteilnahme, Teilen und Dienst geschehen kann. Die Aufgabe dieser Tradition ist es sicherzustellen, daß diese Atmosphäre der Genesung aufrechterhalten wird. Dies kann nur erreicht werden, wenn unsere Gruppen sich weiterhin mit Genesung befassen. Die Tatsache, daß wir — jede einzelne Gruppe — uns darauf konzentrieren, die Botschaft weiterzutragen, sorgt für Beständigkeit; Süchtige können auf uns zählen. Die Einheit von Handlung und Ziel machte möglich, was für uns unmöglich erschien — Genesung.

Der Zwölfte Schritt unseres persönlichen Programms sagt auch, daß wir die Botschaft an Süchtige weitergeben, die noch leiden. Mit anderen zu arbeiten, ist ein wirkungsvolles Werkzeug. "Der therapeutische Wert, wenn Süchtige einander helfen, ist unvergleichlich." Für Neuankömmlinge ist dies der Weg, auf dem sie zu Narcotics Anonymous fanden und lernten, clean zu bleiben. Für die Mitglieder bestärkt dies nochmals ihre Verpflichtung der Genesung gegenüber. Die Gruppe ist das wirksamste Mittel, das wir haben, um die Botschaft weiterzugeben. Wenn ein Mitglied die Botschaft weitergibt, so ist es in gewisser Weise durch Auslegung und Persönlichkeit begrenzt. Das Problem mit der Literatur ist die Sprache. Die Gefühle, die Intensität und die Kraft gehen zuweilen verloren. In unserer Gruppe mit den vielen verschiedenen Persönlichkeiten ist die Botschaft der Genesung ein wiederkehrendes Thema.

Was würde geschehen, wenn unsere Gruppen eine andere Hauptaufgabe hätten? Wir fühlen, daß unsere Botschaft verwässert würde und dann verloren ginge. Wenn wir uns darauf konzentrierten, Geld zu verdienen, könnten viele reich werden. Wenn wir ein Gesellschafts-Club wären, könnten wir viele Freundinnen und Freunde oder Liebhaber und Geliebte finden. Wenn wir uns auf Ausbildung spezialisierten, würden wir am Ende mit vielen klugen Süchtigen dastehen. Wenn unsere Spezialität medizinische Hilfe wäre, würden viele gesund werden. Wenn unsere Gruppenaufgabe etwas anderes wäre, als die Botschaft weiterzugeben, würden viele sterben und nur wenige Genesung finden.

Was ist unsere Botschaft? Die Botschaft lautet, daß Süchtige, alle Süchtigen, aufhören können, Drogen zu nehmen, das Verlangen zu Nehmen verlieren und eine neue Lebensweise finden können. Unsere Botschaft ist Hoffnung und das Versprechen von Freiheit. Wenn alles gesagt und getan ist, kann unsere Hauptaufgabe nur darin bestehen, die Botschaft an andere Süchtige weiterzugeben, die noch leiden, weil dies alles ist, was wir zu geben haben.

TRADITION SECHS

"Eine NA-Gruppe sollte niemals eine verwandte Einrichtung oder ein außenstehendes Unternehmen unterstützen, finanzieren oder den NA-Namen zur Verfügung stellen, damit uns nicht Geld-, Besitz- oder Prestigeprobleme von unserer Hauptaufgabe ablenken."

Unsere Sechste Tradition sagt uns einige der Dinge, die wir tun müssen, um unsere Hauptaufgabe zu bewahren und zu schützen. Diese Tradition ist die Basis für unseren Grundsatz der Nicht-Angliederung und ist äußerst wichtig für den Fortbestand und das Wachstum von Narcotics Anonymous.

Wir wollen uns anschauen, was diese Tradition sagt. Das erste, was eine Gruppe niemals tun sollte, ist zu unterstützen. Zu unterstützen ist gutheißen, billigen oder empfehlen. Unterstützung kann entweder direkt oder stillschweigend erfolgen. Direkte Unterstützung sehen wir jeden Tag im Werbefernsehen. Eine stillschweigende Unterstützung ist etwas, das nicht deutlich genannt wird.

Viele andere Organisationen würden gerne den NA-Namen für sich nutzen. Ihnen dies zu gestatten, würde eine stillschweigende Unterstützung und eine Verletzung dieser Tradition sein. Krankenhäuser, Drogentherapiezentren und Bewährungshilfe sind einige der Einrichtungen, mit denen wir es zu tun haben, wenn wir die NA-Botschaft weitergeben.

Obwohl diese Organisationen es ehrlich meinen und wir in ihren Einrichtungen NA-Meetings abhalten, können wir sie nicht unterstützen, finanzieren oder ihnen erlauben, den NA-Namen zu benutzen, um somit ihr Wachstum zu fördern. Wir sind jedoch bereit, die NA-Prinzipien in diese Einrichtungen zu tragen und an die Süchtigen weiterzugeben, die immer noch leiden, so daß sie ihre Wahl treffen können.

Das nächste, was wir niemals tun sollten, ist Finanzieren. Dies ist offensichtlicher. Finanzieren bedeutet, Geldmittel bereitzustellen oder finanzielle Unterstützung zu leisten.

Der dritte Punkt, vor dem in dieser Tradition gewarnt wird, ist, den NA-Namen zur Verfügung zu stellen, um den Zweck anderer Programme zu erfüllen. Z.B. haben mehrfach andere Programme versucht, Narcotics Anonymous als Teil ihrer angebotenen Dienste zu benutzen, um ihre Finanzierung zu rechtfertigen.

Weiterhin sagt die Tradition, daß eine verwandte Einrichtung jeder Ort ist, an dem NA-Mitglieder tätig sind. Das kann eine Nachsorgeeinrichtung, Entzugsstation, ein Beratungszentrum oder Vereinshaus sein. Was NA ist und was die verwandten Einrichtungen sind, schafft bei Leuten leicht Verwirrung. Therapiezentren, die von NA-Mitgliedern eröffnet oder mit NA-Mitgliedern besetzt wurden, müssen dafür sorgen, daß die Unterscheidung klar ist. Die vielleicht größte Verwirrung ist, wenn Vereinshäuser darin verwickelt sind. Neuankömmlinge und ältere Mitglieder setzen das Vereinshaus häufig mit Narcotics Anonymous gleich. Wir sollten besondere Anstrengungen unternehmen, um diesen Menschen klarzumachen, daß die Einrichtungen und NA nicht dasselbe sind. Ein außenstehendes Unternehmen ist jede Agentur, jedes Geschäft, jede Religionsgemeinschaft, Gesellschaft, Organisation, jede verwandte Tätigkeit oder jede andere Gemeinschaft. Die meisten von ihnen sind leicht zu erkennen, außer die anderen Gemeinschaften. Narcotics Anonymous ist eine separate und selbständige Gemeinschaft aus eigenem Recht. Unser Problem ist die Sucht. Die anderen Zwölf-Schritte-

Gemeinschaften sind auf andere Probleme spezialisiert, und unsere Beziehung zu ihnen beruht auf Zusammenarbeit, nicht auf Angliederung. Die Verwendung von Literatur, Sprecherinnen und Sprechern und Ankündigungen aus anderen Gemeinschaften in unseren Meetings stellt eine stillschweigende Unterstützung eines außenstehenden Unternehmens dar.

Des weiteren warnt uns die Sechste Tradition davor, was passieren kann: "... damit uns nicht Geld-, Besitz- oder Prestigeprobleme von unserer Hauptaufgabe ablenken". Diese Probleme werden oft zu Besessenheiten und lassen uns unser spirituelles Ziel vergessen. Für die einzelnen kann diese Art von Mißbrauch verheerend, für die Gruppe kann es verhängnisvoll sein. Wenn wir als Gruppe von unserer Hauptaufgabe abweichen, sterben Süchtige, die Genesung hätten finden können.

TRADITION SIEBEN

"Jede NA-Gruppe sollte sich vollständig selbst erhalten und Zuwendungen von außen ablehnen."

Uns selbst zu erhalten ist ein wichtiger Teil unserer neuen Lebensweise. Für die einzelnen ist dies gewöhnlich eine ziemliche Veränderung. In unserer Sucht waren wir von Menschen, Orten und Dingen abhängig. Wir rechneten damit, daß sie uns unterstützten und uns das gaben, was wir selbst nicht hatten. Als genesende Süchtige finden wir, daß wir immer noch abhängig sind, doch unsere Abhängigkeit hat sich von den Dingen um uns herum auf einen liebenden Gott und die innere Kraft verlagert, die wir aus unserer Beziehung mit Ihm schöpfen. Wir, die unfähig waren, als Menschen zu funktionieren, finden jetzt, daß uns alles möglich ist. Träume, die wir vor langer Zeit aufgaben, können jetzt Wirklichkeit werden. Süchtige als Gruppe waren eine Last für die Gesellschaft. In NA sind unsere Gruppen nicht nur selbsterhaltend, sondern sie fordern auch das Recht, dies zu sein.

Geld war schon immer ein Problem für uns. Wir konnten niemals genug auftreiben, um uns und unsere Gewohnheiten zu finanzieren. Wir arbeiteten, stahlen, betrogen, bettelten und verkauften uns; wir hatten niemals genug Geld, um die Leere in uns zu füllen. In unserer Genesung ist Geld noch oft ein Problem.

Wir brauchen Geld, um unsere Gruppe zu unterhalten; Miete muß bezahlt werden, Materialien und Literatur müssen gekauft werden. Wir sammeln in unseren Meetings, um diese Ausgaben abzudecken, und was übrigbleibt unterstützt unsere Dienste und fördert unsere Hauptaufgabe. Leider bleibt nur wenig übrig, wenn eine Gruppe erst einmal alles bezahlt hat. Zuweilen geben Mitglieder, die es sich leisten können, etwas extra, um zu helfen. Manchmal wird ein Komitee gegründet, das Aktionen startet, um Geld zu beschaffen. Diese Anstrengungen helfen, und ohne sie wären wir nicht so weit gekommen. NA-Dienste leiden unter ständigem Geldmangel, und obwohl dies manchmal frustrierend ist, möchten wir es wirklich nicht anders haben; wir wissen, der Preis wäre zu hoch. Wir müssen alle zusammenhalten, und dadurch lernen wir, daß wir tatsächlich Teil von etwas sind, das größer ist, als wir selbst.

Unsere Verfahrensweise Geld betreffend, ist klar festgesetzt: Wir lehnen jede Zuwendung von außen ab; unsere Gemeinschaft erhält sich vollständig selbst. Wir nehmen keine Geldmittel, Stiftungsgelder, Darlehen und/oder Geschenke an. Alles hat seinen Preis, ungeachtet der Absicht. Ob der Preis nun Geld, Versprechen, Zugeständnisse, besondere Anerkennung, Unterstützungen oder Gefälligkeiten ist, für uns ist er zu hoch. Auch wenn diejenigen, die uns helfen, garantieren, daß keine Bedingungen daran geknüpft sind, würden wir ihre Hilfe nicht annehmen. Wir können es uns nicht leisten, unsere Mitglieder mehr beitragen zu lassen, als ihren gerechten Anteil. Wir fanden, daß der von unseren Gruppen bezahlte Preis Uneinigkeit und Streit ist. Wir werden unsere Freiheit nicht aufs Spiel setzen.

TRADITION ACHT

"Narcotics Anonymous sollte immer nichtprofessionell bleiben, jedoch können unsere Dienstzentralen Angestellte beschäftigen."

Die Achte Tradition ist lebenswichtig für die Beständigkeit von NA als Ganzem. Um diese Tradition zu verstehen, müssen wir die Begriffe "nichtprofessionell", "Dienstzentralen" und "Angestellte" erklären. Wenn diese Begriffe klar sind, erklärt sich diese wichtige Tradition von selbst.

In dieser Tradition sagen wir, daß wir keine Fachleute haben. Damit meinen wir, daß wir über kein Team von Psychiaterinnen oder Psychiatern, Ärztinnen oder Ärzten, Rechtsanwältinnen oder Rechtsanwälten, Beraterinnen oder Beratern verfügen. Unser Programm funktioniert, indem Süchtige einander helfen. Wenn wir in den NA-Gruppen Fachleute beschäftigten, würden wir unsere Einheit zerstören. Wir sind einfach Süchtige auf der gleichen Ebene, die sich gegenseitig aus freien Stücken helfen.

Wir anerkennen und bewundern die Fachleute. Viele unserer Mitglieder sind Fachleute auf ihrem eigenen Gebiet, doch in NA gibt es keinen Platz, Berufe auszuüben.

Eine Dienstzentrale ist als Ort definiert, an dem NA-Dienstkomitees tätig sind. Das Weltdienstbüro (World Service Office) oder Orts-, Regions- und Gebietsbüros sind Beispiele für Dienstzentralen. Ein Vereinshaus, eine Nachsorge oder ähnliche Einrichtungen sind keine NA-Dienstzentralen und haben keine Verbindung zu NA. Eine Dienstzentrale ist ganz einfach ein Ort, an welchem NA-Dienste regelmäßig angeboten werden.

Die Tradition sagt, ". . . Dienstzentralen [können] Angestellte beschäftigen". Diese Aussage bedeutet, daß Dienstzentralen Angestellte für besondere Aufgaben, wie Telefondienst, Büro- oder Druckarbeiten beschäftigen dürfen. Diese Angestellten sind unmittelbar einem Dienstkomitee gegenüber verantwortlich. In dem Maße, wie NA wächst, wird auch die Nachfrage nach diesen Angestellten steigen. Angestellte sind notwendig, um die Leistungsfähigkeit in einer sich immer weiter ausbreitenden Gemeinschaft sicherzustellen.

Der Unterschied zwischen Fachleuten und Angestellten sollte der Klarheit halber definiert werden. Fachleute sind in bestimmten Berufen tätig, die nicht unmittelbar NA dienen, die jedoch zum persönlichen Nutzen sind. Fachleute folgen nicht den NA-Traditionen. Unsere Angestellten hingegen arbeiten innerhalb unserer Traditionen und sind immer unmittelbar denen verantwortlich, welchen sie dienen, der Gemeinschaft.

In unserer Achten Tradition heben wir unsere Mitglieder nicht wegen ihres Berufs hervor. Indem wir keinem Mitglied einen professionellen Status übertragen, stellen wir sicher, daß wir "immer nichtprofessionell" bleiben.

TRADITION NEUN

"NA als solches sollte niemals organisiert werden. Jedoch können wir Dienst-Ausschüsse oder -Komitees bilden, die denjenigen direkt verantwortlich sind, welchen sie dienen."

Diese Tradition definiert die Art und Weise, auf die unsere Gemeinschaft funktioniert. Zuerst müssen wir verstehen, was NA ist. Narcotics Anonymous ist: Süchtige, die den Wunsch haben, mit Drogen aufzuhören, und die sich zusammengefunden haben, um diesen Wunsch auszuführen. Unsere Meetings sind Zusammenkünfte von Mitgliedern mit dem Ziel, clean zu bleiben und die Botschaft der Genesung weiterzutragen. Unsere Schritte und Traditionen sind in einer bestimmten Reihenfolge festgelegt. Sie sind durchnumeriert, sie sind nicht zufällig und ungegliedert. Sie sind organisiert, doch dies ist nicht die Art der Organisation, auf die sich die Neunte Tradition bezieht. In dieser Tradition bedeutet "organisiert", Leitung und Kontrolle zu haben. Auf dieser Grundlage ist die Bedeutung der Neunten Tradition klar. Unsere Gemeinschaft befände sich ohne diese Tradition im Widerspruch zu spirituellen Prinzipien. Ein liebender Gott, so wie Er sich in unserem Gruppengewissen zu erkennen gibt, ist unsere höchste Autorität.

Weiterhin definiert die Neunte Tradition das Wesen der Dinge, die wir tun können, um NA zu helfen. Sie sagt, daß wir Dienst-Ausschüsse oder -Komitees bilden können, um den Bedürfnissen der Gemeinschaft zu dienen. Sie sind einzig dafür da, der Gemeinschaft zu dienen. Das ist das Wesen unserer Servicestruktur, so wie sie sich entwickelt hat und im NA-Servicehandbuch definiert wurde.

TRADITION ZEHN

"Narcotics Anonymous hat keine Meinung zu Fragen außerhalb der Gemeinschaft. Daher sollte der NA-Name niemals in die öffentliche Auseinandersetzung verwickelt werden."

Um unser spirituelles Ziel zu erreichen, muß Narcotics Anonymous bekannt und geachtet sein. Dies wird nirgendwo offensichtlicher als in unserer Geschichte. NA wurde 1953 gegründet. Zwanzig Jahre lang blieb unsere Gemeinschaft klein und unbekannt. In den siebziger Jahren erkannte die Gesellschaft, daß Sucht zu einer weltweiten Epidemie geworden war, und es wurde begonnen, nach Antworten zu suchen. Gleichzeitig veränderte sich das Denken der Leute über Süchtige. Dieser Wandel erlaubte es Süchtigen, offener nach Hilfe zu suchen. An vielen Orten entstanden NA-Gruppen, auch dort, wo wir zuvor niemals geduldet waren. Genesende Süchtige ebneten den Weg für weitere Gruppen und mehr Genesung. Heute ist NA eine weltweite Gemeinschaft. Wir sind überall bekannt und werden respektiert.

Wenn Süchtige nie von uns gehört haben, dann können sie uns auch nicht ausfindig machen. Wenn diejenigen, die mit Süchtigen arbeiten, nichts von unserer Existenz wissen, können sie auch nicht auf uns verweisen. Eine der wichtigsten Dinge, die wir tun können, um unsere Hauptaufgabe zu erfüllen, ist es, die Menschen wissen zu lassen, wer, was und wo wir sind. Wenn wir dies tun und unseren guten Ruf bewahren, werden wir sicherlich wachsen.

Unsere Genesung spricht für sich selbst. Unsere Zehnte Tradition hilft insbesondere, unseren Ruf zu bewahren. Diese Tradition besagt, daß NA keine Meinung zu Fragen außerhalb der Gemeinschaft hat. Wir ergreifen nicht Partei. Wir geben keinerlei Empfehlungen. NA als Gemeinschaft beteiligt sich nicht an politischen Auseinandersetzungen; dies würde nur Kontroversen mit sich bringen. Es würde unsere Gemeinschaft gefährden. Diejenigen, die unsere Meinungen teilen, würden uns für unsere Stellungnahme loben, doch einige würden immer anderer Auffassung sein. Ist es bei einem derart hohen Preis verwunderlich, daß wir uns nicht dafür entscheiden, Partei bei den Problemen der Gesellschaft zu ergreifen? Um unseres Überlebens willen beziehen wir zu Fragen außerhalb der Gemeinschaft keine Stellung.

TRADITION ELF

> *"Unsere Beziehung zur Öffentlichkeit stützt sich auf Anziehung anstatt auf Werbung. Wir müssen stets persönliche Anonymität gegenüber Presse, Rundfunk und Film bewahren."*

Diese Tradition befaßt sich mit unserem Verhältnis zu jenen außerhalb der Gemeinschaft. Sie gibt Auskunft darüber, wie unsere Angelegenheiten auf der öffentlichen Ebene zu gestalten sind.[1] Unser Bild in der Öffentlichkeit besteht aus dem, was wir anzubieten haben: einen erfolgreichen erprobten Weg zur Aufrechterhaltung eines drogenfreien Lebensstils. Auch wenn es wichtig ist, so viele Menschen wie möglich zu erreichen, ist es dennoch zu unserem Schutz unbedingt notwendig, daß wir

1 — Für detaillierte Beispiele schlage in dem neu herausgegebenen "Leitfaden für Öffentlichkeitsarbeit" nach.

mit Anzeigen, Rundschreiben und jeder Art von Literatur, die in die Hände der Öffentlichkeit gelangen könnten, sorgfältig umgehen.

Der Grund für unsere Anziehung liegt allein in unserem Erfolg. Als Gruppen bieten wir Genesung. Wir haben festgestellt, daß der Erfolg unseres Programms für sich selbst spricht; dies ist unsere Werbung.

Diese Tradition besagt weiterhin, daß wir im Bereich von Presse, Radio und Film persönliche Anonymität wahren müssen. Dies dient dem Schutz der Mitglieder und dem Ruf von Narcotics Anonymous. Wir geben weder unsere Nachnamen an, noch erscheinen wir in den Medien als ein Mitglied von Narcotics Anonymous. Niemand innerhalb oder außerhalb der Gemeinschaft verkörpert Narcotics Anonymous.

TRADITION ZWÖLF

"Anonymität ist die spirituelle Grundlage aller unserer Traditionen und soll uns ständig daran erinnern, Prinzipien über Personen zu stellen."

Im Wörterbuch finden wir unter dem Begriff Anonymität die Erklärung "Namenslosigkeit, Nichtgenanntsein, Nichtbekanntsein". Im Einklang mit der Zwölften Tradition wird das "ich" zum "wir". Die spirituelle Grundlage wird wichtiger als jede Gruppe oder jedes einzelne Mitglied.

Während wir näher zusammenwachsen, geschieht eine Erweckung der Demut. Demut ist ein Nebenprodukt, das uns ermöglicht, in einer Atmosphäre von Freiheit zu wachsen und uns zu entwickeln. Demut nimmt uns die Angst, von unseren Arbeitgebern, Familien, Freundinnen oder Freunden als Süchtige erkannt zu werden. Daher versuchen wir, entschlossen an dem Prinzip festzuhalten, daß "in den Meetings bleibt, was in den Meetings gesagt wird".

In unseren gesamten Traditionen benutzen wir die Begriffe "wir" und "unser" anstatt "ich" und "mein". Indem wir für unser gemeinsames Wohlergehen zusammenarbeiten, erlangen wir den wahren Geist der Anonymität.

Wir haben den Ausspruch "Prinzipien über Personen" schon so oft gehört, daß er uns wie eine abgedroschene Redensart vorkommt. Während wir als einzelne unterschiedlicher Meinung sein können, macht uns das spirituelle Prinzip der Anonymität zu gleichwertigen Mitgliedern der Gruppe. Kein Mitglied ist mehr oder weniger wert als ein anderes. Der Trieb zur persönlichen Vorteilnahme im Bereich von Sexualität, Eigentum und sozialer Stellung, der uns in der Vergangenheit so viel Schmerz bereitete, fällt von uns ab, wenn wir uns an das Prinzip der Anonymität halten. Anonymität ist einer der Grundbausteine unserer Genesung, und sie durchdringt unsere Traditionen und unsere Gemeinschaft. Sie schützt uns vor unseren eigenen Charakterfehlern und setzt Personen und deren Unterschiede außer Kraft. Angewandte Anonymität macht es unmöglich, Personen über Prinzipien zu stellen.

KAPITEL SIEBEN

GENESUNG UND RÜCKFALL

Viele Leute glauben, Genesung bedeute einfach, keine Drogen mehr zu nehmen. Sie halten einen Rückfall für das Zeichen völligen Versagens, während langzeitige Abstinenz als vollkommener Erfolg gewertet wird. Wir im Genesungsprogramm von Narcotics Anonymous haben festgestellt, daß diese Vorstellung zu einfach ist. Nachdem jemand bereits eine Zeitlang zu unserer Gemeinschaft gehört hat, kann ein Rückfall die aufrüttelnde Erfahrung sein, die zu einer gründlicheren Anwendung des Programms führt. Ebenso konnten wir andere NA-Freunde und -Freundinnen beobachten, die zwar lange Zeit abstinent bleiben, deren Unehrlichkeit und Selbsttäuschung sie jedoch immer noch davon abhalten, sich der vollen Genesung und der Anerkennung innerhalb der Gesellschaft zu erfreuen. Vollständige und fortwährende Abstinenz in enger Verbindung und Identifizierung mit anderen in den NA-Gruppen ist immer noch der fruchtbarste Boden für Wachstum.

Obwohl grundsätzlich alle Süchtigen einander ähneln, unterscheiden wir uns als einzelne in bezug auf den Grad der Krankheit und die Stufe der Genesung. Es kann vorkommen, daß durch einen Rückfall der Grundstein für vollkommene Freiheit gelegt wird. In anderen Fällen kann diese Freiheit nur durch unnachgiebiges und hartnäckiges Festhalten an der Abstinenz — komme was wolle — errungen werden, bis die Krise vorbei ist. Süchtige, die vielleicht auch nur für kurze Zeit fähig sind, den Drang oder das Verlangen nach Drogen zu überwinden und die Entscheidungsfreiheit über Zwangsgedanken und Handlungen gewonnen haben, sind an einem Wendepunkt angelangt. Dies kann der entscheidende Faktor in ihrer Genesung sein. Das Gefühl der wahren Unabhängigkeit und Freiheit liegt manchmal auf des Messers Schneide. Es reizt uns, den großen Schritt zu machen und unser Leben wieder selbst in die Hand zu nehmen. Wir scheinen jedoch zu wissen, daß uns das, was wir haben, von einer Höheren Macht gegeben wurde, auf die wir uns verlassen, sowie vom Geben und Annehmen der Hilfe einfühlsamer Freunde. Während unserer Genesung werden uns oft die alten Schreckgespenster verfolgen. Das Leben kann wieder sinnlos, eintönig und langweilig werden. Vielleicht werden wir der ständigen Übung unserer neuen Ideen überdrüssig und lassen in unseren neuen Tätigkeiten nach. Wir wissen jedoch, daß wir mit Sicherheit in unsere alten Verhaltensweisen zurückfallen werden, wenn wir unsere neu erworbenen Erkenntnisse nicht immer wieder anwenden. Solche Krisen sind oft Zeiten unseres größten Wachstums. Geist und Körper scheinen von all den Anstrengungen zu ermüden, aber die dynamischen Kräfte des Wandels oder einer wirklichen Umkehr können in unserem Innersten am arbeiten sein, um uns die Antworten zu geben, die unsere innere Motivation und unser Leben grundlegend ändern.

Genesung, wie sie durch unsere Zwölf Schritte erfahren werden kann, ist unser Ziel, nicht nur die bloße Abstinenz. Es bedarf einiger Anstrengung, um uns zu unserem Vorteil zu verändern, und da es unmöglich ist, jemandem, der sich neuen Ideen verschließt, diese zu vermitteln, müssen wir zunächst irgendeinen Einstieg finden. Da wir dies nur für uns selbst tun können, müssen wir zwei uns offenbar innewohnende Feinde erkennen: Apathie und Zaudern. Unser Widerstand gegen Veränderungen scheint instinktmäßig zu sein, und nur eine Art Bombenexplosion führt zu einer Änderung oder leitet einen Kurswechsel ein. Ein Rückfall – falls wir ihn überstehen – kann eine solche Sprengladung sein. Der Rückfall und manchmal der darauffolgende Tod eines uns nahestehenden Menschen kann uns wachrütteln und uns die Notwendigkeit energischen persönlichen Handelns drastisch vor Augen führen.

Wir haben Süchtige gesehen, die zu unserer Gemeinschaft gekommen sind, unser Programm ausprobierten und für eine bestimmte Zeit clean blieben. Mit der Zeit verloren einige von ihnen den Kontakt zu anderen genesenden Süchtigen und fielen schließlich in die aktive Sucht zurück. Sie vergaßen, daß es wirklich die erste Droge ist, die den todbringenden Kreislauf erneut beginnen läßt. Sie versuchten, ihre Sucht unter Kontrolle zu bringen, Drogen in Maßen oder auch nur bestimmte Drogen zu nehmen. Keine dieser Kontrollmethoden funktioniert für Süchtige.

Rückfall ist eine Realität. Er kann geschehen und geschieht auch. Die Erfahrung zeigt, daß diejenigen, die unser Genesungsprogramm nicht auf einer täglichen Basis arbeiten, rückfällig werden können. Wir sehen sie zurückkommen und Genesung suchen. Vielleicht waren sie vor ihrem Rückfall jahrelang clean. Wenn sie das Glück haben, den Weg zurück zu schaffen, sind sie schwer erschüttert. Sie sagen uns, daß der Rückfall schrecklicher war als der frühere Drogengebrauch. Noch nie haben wir eine Person gesehen, die das Narcotics Anonymous Programm lebte und rückfällig wurde.

Rückfälle sind oft tödlich. Wir sind auf Beerdigungen liebgewonnener Menschen gewesen, die durch einen Rückfall starben. Sie starben auf unterschiedliche Weise. Oft sehen wir Rückfällige über Jahre verloren und im Elend lebend. Diejenigen, die im Gefängnis oder in Anstalten landen, überleben möglicherweise und finden vielleicht erneut den Weg zu NA.

In unserem Alltag unterliegen wir emotionalen und spirituellen Ausfällen, die uns gegenüber dem Rückfall in den Drogengebrauch wehrlos machen. Weil Sucht eine unheilbare Krankheit ist, sind Süchtige dem Rückfall ausgesetzt.

Wir werden niemals zum Rückfall gezwungen. Wir haben die Wahl. Rückfall ist niemals ein Zufall. Rückfall ist ein Zeichen dafür, daß wir in unserem Programm einen Vorbehalt haben. Wir fangen damit an, unser Programm zu vernachlässigen und uns in unserem täglichen Leben Hintertürchen offen zu halten. Ohne uns der vor uns liegenden Fallgruben bewußt zu sein, stolpern wir blindlings in den Irrglauben, daß wir es alleine schaffen können. Früher oder später geben wir uns der Illusion hin, daß Drogen das Leben einfacher machen. Wir glauben, daß Drogen uns ändern können, und wir vergessen, daß diese Änderungen tödlich sind. Wenn wir glauben, daß Drogen unsere Probleme lösen, und vergessen, was sie uns antun können, befinden wir uns in echten Schwierigkeiten. Solange nicht die Illusion, daß wir selbst bestimmen können, ob wir weiter Drogen nehmen oder damit aufhören, zerstört ist, unterzeichnen wir höchstwahrscheinlich unser eigenes Todesurteil. Wenn wir uns nicht um unsere persönlichen Belange kümmern, verringert sich aus irgendwelchen Gründen unsere Selbstachtung, und es bildet sich ein Verhaltensmuster heraus, das sich in allen Lebensbereichen ständig wiederholt. Wenn wir damit anfangen, unseren neuen Verantwortungen aus dem Wege zu gehen, indem wir Meetings versäumen, die Arbeit im Zwölften Schritt vernachlässigen oder uns nicht engagieren, funktioniert unser Programm nicht mehr. Dies sind die Dinge, die zum Rückfall führen. Möglicherweise spüren wir, daß eine Veränderung mit uns geschieht. Unsere Fähigkeit, offen zu sein, verschwindet. Vielleicht werden wir jedem und allem gegenüber zornig und grollend. Vielleicht stoßen wir diejenigen zurück, die uns nahe stehen. Wir isolieren uns selbst. Wir werden innerhalb kurzer Zeit für uns selbst unerträglich. Wir fallen zurück in unsere schlimmsten Verhaltensmuster, ohne daß wir überhaupt Drogen zu nehmen brauchen.

Wenn beim Auftreten von Groll oder anderen Gefühlsausbrüchen die Schritte nicht gearbeitet werden, kann dies in einem Rückfall enden.

Besessenes Verhalten ist ein gemeinsamer Nenner für süchtige Menschen. Wir haben Zeiten, in denen wir versuchen, uns so lange voll zu stopfen, bis wir befriedigt sind, nur um zu entdecken, daß es keinen Weg gibt, uns zufriedenzustellen. Ein Teil unseres süchtigen Musters ist, daß wir niemals genug bekommen können. Zuweilen vergessen wir dies und meinen, daß, wenn wir nur genug zu essen, genug Sex oder genug Geld haben, wir zufrieden sind und alles in Ordnung ist. Der Eigenwille treibt uns immer noch dazu, Entscheidungen zu treffen, die auf Manipulation, Ego, Begierde oder falschem Stolz beruhen. Wir möchten nicht unrecht haben. Unser Ego sagt uns, daß wir es alleine schaffen, aber Einsamkeit und Paranoia kommen schnell wieder. Wir stellen fest, daß wir es nicht wirklich alleine schaffen; versuchen wir es, wird alles nur schlimmer. Wir müssen daran erinnert werden, woher wir kommen, und daß unsere Krankheit sich fortschreitend verschlimmert, wenn wir Drogen nehmen. Hier brauchen wir die Gemeinschaft.

Wir genesen nicht über Nacht. Wenn wir erkennen, daß wir eine schlechte Entscheidung oder ein falsches Urteil getroffen haben, neigen wir dazu, dafür eine vernunftmäßige Erklärung zu geben. Wir werden häufig extrem in unserem selbstbesessenen Versuch, unsere Spuren zu verwischen. Wir vergessen, daß wir heute eine Wahl haben. Wir werden kränker.

Es gibt etwas in unserer selbstzerstörerischen Persönlichkeit, das nach Versagen schreit. Die meisten von uns haben das Gefühl, daß sie es nicht verdienen, Erfolg zu haben. Dies haben viele Süchtige gemeinsam. Selbstmitleid ist einer der zerstörerischsten Fehler; es entzieht uns jede positive Energie. Wir konzentrieren uns auf alles, was nicht so läuft, wie wir wollen, und übersehen alles Schöne in unserem Leben. Ohne den wirklichen Wunsch, unser Leben zu verbessern oder auch nur zu leben, wird es mit uns immer weiter abwärts gehen. Einige von uns schaffen es niemals zurück.

Wir müssen viele Dinge, die wir vergessen haben, wieder erlernen und eine neue Einstellung dem Leben gegenüber entwickeln, um zu überleben. Darum geht es bei Narcotics Anonymous. Es geht um Menschen, die sich um verzweifelte, sterbende Süchtige kümmern, und die ihnen rechtzeitig zeigen können, ohne Drogen zu leben. Viele von uns hatten Schwierigkeiten, in die Gemeinschaft zu kommen, da sie nicht verstanden, daß wir an der Krankheit Sucht leiden. Zuweilen sehen wir unser früheres Verhalten als Teil von uns selbst und nicht als Teil unserer Krankheit.

Wir machen den Ersten Schritt. Wir geben zu, daß wir unserer Sucht gegenüber machtlos sind und daß wir unser Leben nicht mehr meistern können. Langsam geht es besser, und wir beginnen unser Vertrauen und unsere Zuversicht zurückzuerhalten. Unser Ego sagt uns, daß wir es alleine schaffen. Uns geht es besser, und wir denken, daß wir dieses Programm eigentlich nicht brauchen. Überheblichkeit ist hier ein Alarmzeichen. Die Einsamkeit und die Paranoia werden wiederkommen. Wir stellen fest, daß wir es alleine nicht schaffen, und alles wird schlimmer. Wir machen den Ersten Schritt tatsächlich, dieses Mal innerlich. Dennoch wird es Zeiten geben, in denen wir das Gefühl haben, unbedingt Drogen nehmen zu müssen. Wir möchten fortrennen und fühlen uns elend. Wir müssen daran erinnert werden, woher wir gekommen sind, und daß es dieses Mal schlimmer sein wird. In diesen Augenblicken brauchen wir das Programm am meisten. Wir erkennen, daß wir etwas tun müssen.

Wenn wir die Anstrengung und die Arbeit vergessen, die notwendig waren, um eine Zeit der Freiheit in unserem Leben zu schaffen, verlieren wir an Dankbarkeit, und unsere Selbstzerstörung beginnt von neuem. Wenn nicht sofort gehandelt wird, riskieren wir den Rückfall, der unsere ureigene Existenz bedroht. Wenn wir unsere falschen Vorstellungen von der Realität beibehalten, anstatt die Werkzeuge des Programms einzusetzen, führt uns dies zurück in die Isolation. Die Einsamkeit wird uns innerlich töten, und die Drogen, die fast immer darauf folgen, können uns den Rest geben. Die Symptome und die Gefühle, die wir am Ende unseres Drogengebrauchs erfuhren, werden sogar noch stärker wiederkehren als zuvor. Dieser Schlag wird uns sicher zerstören, wenn wir uns nicht dem NA-Programm übergeben.

Der Rückfall kann die zerstörerische Kraft sein, die uns tötet oder uns erkennen läßt, wer und was wir tatsächlich sind. Das letztendliche Elend des Drogengebrauchs wird nicht durch das zeitweilige Entkommen aufgewogen, das uns Drogen ermöglichten. Für uns bedeutet Drogennehmen zu sterben, oftmals in mehr als nur einer Hinsicht.

Unrealistische Erwartungen an uns selbst und an andere zu stellen, scheint einer der größten Stolpersteine auf dem Weg zur Genesung zu sein. Beziehungen können ein schrecklich schmerzlicher Bereich sein. Wir neigen zu Hirngespinsten und Zukunftsphantasien. Wir werden ärgerlich und wütend, wenn unsere Wunschträume nicht erfüllt werden. Wir vergessen, daß wir machtlos über andere Menschen sind. Die alten Gedanken und Gefühle von Einsamkeit, Verzweiflung, Hilflosigkeit und Selbstmitleid schleichen sich ein. Gedanken von Sponsoren und Sponsorinnen, aus Meetings, aus der Literatur und alle anderen positiven Eindrücke geraten in Vergessenheit. Wir müssen unserer Genesung Vorrang geben und Ordnung in unseren wichtigsten Angelegenheiten halten.

Es hilft uns, negative Gefühle zu verarbeiten, wenn wir über das schreiben, was wir wollen, worum wir bitten und was wir bekommen, und dieses mit unseren Sponsoren und Sponsorinnen oder anderen vertrauten Menschen teilen. Indem wir andere ihre Erfahrungen mit uns teilen lassen, schöpfen wir Hoffnung, daß es besser wird. Es hat den Anschein, daß machtlos zu sein, ein riesiger Stolperstein ist. Wenn eine Notwendigkeit auftaucht, unsere Machtlosigkeit zugeben zu müssen, werden wir vielleicht zunächst nach Wegen suchen, um Macht dagegen auszuüben. Wenn wir diese Wege bis zum Ende gegangen sind, fangen wir an, mit anderen zu teilen, und wir finden Hoffnung. Wenn wir täglich ins Meeting gehen, nur für heute leben und Literatur lesen, scheint unsere geistige Einstellung zurück zum Positiven geführt zu werden. Die Bereitschaft, das auszuprobieren, was für andere funktioniert hat, ist lebenswichtig. Auch wenn wir meinen, nicht ins Meeting gehen zu wollen, so sind die Meetings doch eine Quelle der Kraft und Hoffnung für uns.

Es ist wichtig, unsere Gefühle, Drogen nehmen zu wollen, zu teilen. Es ist erstaunlich, wie oft Neuankömmlinge meinen, daß es wirklich unnormal für Drogensüchtige sei, Drogen nehmen zu wollen. Wenn der alte Drang über uns kommt, denken wir, daß etwas mit uns nicht stimmt und daß andere Menschen bei Narcotics Anonymous dies auf gar keinen Fall verstehen können.

Es ist wichtig, sich daran zu erinnern, daß das Verlangen nach Drogen vorübergeht. Wir brauchen nie mehr Drogen zu nehmen, egal wie wir uns fühlen. Alle Gefühle werden letztendlich vorübergehen.

Der Fortschritt der Genesung ist eine Reise, bei der es stetig bergauf geht. Bemühen wir uns nicht, geht es wieder abwärts. Das Fortschreiten der Krankheit ist ein andauernder Prozeß, auch während der Abstinenz.

Wir kommen machtlos hier her, und die Macht, die wir suchen, kommt durch andere Menschen bei Narcotics Anonymous zu uns, aber wir müssen die Hand nach ihr ausstrecken. Jetzt, da wir clean und Teil der Gemeinschaft sind, müssen wir uns mit Menschen umgeben, die uns gut kennen. Wir brauchen einander. Narcotics Anonymous ist eine Gemeinschaft des Überlebens, und einer ihrer Vorteile ist es, daß wir uns in engem, regelmäßigen Kontakt mit genau denjenigen befinden, die uns bei unserer Genesung am besten verstehen und helfen können. Gute Ideen und Absichten helfen nicht, wenn wir sie nicht in die Tat umsetzen. Indem wir unsere Hand ausstrecken, beginnt der mühsame Kampf, der uns befreien wird. Er wird die Mauern, die uns gefangenhalten, niederreißen. Die Entfremdung ist ein Symptom unserer Krankheit, und indem wir ehrlich mit anderen teilen, werden wir frei, um zu genesen.

Wir sind dankbar, daß wir in Meetings so willkommengeheißen wurden, daß wir uns dort wohlfühlten. Ohne clean zu bleiben und ohne die Teilnahme an diesen Meetings würden uns die Schritte sicherlich schwerer fallen. Jedes Drogennehmen unterbricht den Genesungsprozeß.

Wir alle stellen fest, daß die Gefühle, die wir erleben, wenn wir anderen helfen, uns dazu anregen, unser eigenes Leben besser zu gestalten. Wenn wir Schmerzen haben, und das haben die meisten von uns zeitweise, lernen wir, um Hilfe zu bitten. Wir erfahren, daß geteiltes Leid halbes Leid ist. Mitglieder unserer Gemeinschaft sind bereit, Rückfälligen zu helfen zu genesen sowie Verständnis und nützliche Vorschläge anzubieten, wenn sie gefragt werden. Die Genesung, die bei Narcotics Anonymous gefunden wird, muß von innen kommen, und niemand bleibt clean für andere, sondern nur für sich selbst.

In unserer Krankheit haben wir es mit einer zerstörerischen, gewalttätigen Macht zu tun, die größer ist als wir selbst, und die uns zum Rückfall führen kann. Wenn wir rückfällig geworden sind, ist es wichtig, daran zu denken, daß wir so schnell wie möglich zu Meetings zurückkehren müssen. Sonst bleiben uns vielleicht nur Monate, Tage oder Stunden, bevor wir die Schwelle überschritten haben, nach der es kein Zurück gibt. Unsere Krankheit ist so heimtückisch, daß sie uns in unmögliche Situationen bringen kann. Wenn dies geschieht, kommen wir, wenn wir können, zum Programm zurück, solange wir noch in der Lage dazu sind. Sobald wir Drogen nehmen, stehen wir unter der Kontrolle unserer Krankheit.

Wir können niemals vollständig genesen, ganz gleich wie lange wir clean bleiben. Selbstgefälligkeit ist der Feind aller Mitglieder mit beträchtlicher Cleanzeit. Wenn wir lange selbstgefällig bleiben, endet der Genesungsprozeß. Die Krankheit bringt deutliche Symptome in uns zum Vorschein.

Die Leugnung kehrt zurück zusammen mit Besessenheit und Zwang. Schuld, Gewissensbisse, Angst und Stolz können unerträglich werden. Bald erreichen wir einen Punkt, an dem wir mit dem Rücken zur Wand stehen. In unserem Kopf stehen Leugnung und der Erste Schritt im Widerspruch. Wenn wir uns von der Besessenheit, Drogen zu nehmen, überwältigen lassen, sind wir verloren. Nur eine totale und völlige Annahme des Ersten Schritts kann uns retten. Wir müssen uns vollständig dem Programm ergeben.

Das erste, was zu tun ist, ist clean zu bleiben. Dies ermöglicht die anderen Stufen der Genesung. Was auch immer geschieht, solange wir clean bleiben, sind wir unserer Krankheit gegenüber im größtmöglichen Vorteil. Dafür sind wir dankbar.

Viele von uns werden in einer geschützen Umgebung, wie beispielsweise Rehabilitationszentren oder Therapieeinrichtungen, clean. Wenn wir dann wieder in die Welt eintreten, fühlen wir uns verloren, verwirrt und verletzbar. Wenn wir so oft wie möglich in Meetings gehen, wird dies unseren Schock, den die Veränderung mit sich bringt, mildern. Meetings bieten einen sicheren Platz, um mit anderen zu teilen. Wir fangen an, das Programm zu leben; wir lernen, spirituelle Prinzipien in unserem Leben anzuwenden. Wir müssen das, was wir lernen, benutzen, sonst verlieren wir es durch einen Rückfall.

Viele von uns hätten nirgendwo anders hingehen können, wenn wir nicht NA-Gruppen und -Mitgliedern hätten vertrauen können. Zunächst fühlten wir uns von der Gemeinschaft gleichzeitig fasziniert und eingeschüchtert. Wir fühlten uns mit unseren Freundinnen und Freunden, die Drogen nahmen, nicht mehr wohl, waren aber auch in den Meetings noch nicht zu Hause. Durch die Erfahrung des Teilens fingen wir an, unsere Angst zu verlieren. Je mehr wir teilten, desto mehr wich die Angst von uns. Wir teilten aus diesem Grund. Wachsen bedeutet Veränderung. Spirituelle Instandhaltung bedeutet anhaltende Genesung. Isolation ist für spirituelles Wachstum gefährlich.

Diejenigen von uns, die die Gemeinschaft finden und anfangen, die Schritte zu leben, entwickeln Beziehungen mit anderen. Während wir wachsen, lernen wir, unsere Neigung, vor uns selbst und vor unseren Gefühlen fortzulaufen und uns zu verstecken, zu überwinden. Mit unseren Gefühlen ehrlich zu sein, hilft anderen, sich mit uns zu identifizieren. Wir stellen fest, daß wir andere erreichen, wenn wir uns ehrlich mitteilen. Ehrlichkeit muß geübt werden, und keiner von uns behauptet, perfekt zu sein. Wenn wir uns gefangen oder bedrängt fühlen, bedarf es großer spiritueller und emotionaler Kraft, um ehrlich zu sein. Mit anderen zu teilen schützt davor, uns isoliert und allein zu fühlen. Dieser Prozeß ist eine schöpferische Tat des Geistes.

Wenn wir das Programm arbeiten, leben wir die Schritte täglich. Dies gibt uns Erfahrung in der Anwendung spiritueller Prinzipien. Die Erfahrung, die wir mit der Zeit gewinnen, hilft uns bei unserer andauernden Genesung. Wir müssen das, was wir lernen, benutzen, sonst verlieren wir es, ganz gleich, wie lange wir clean sind. Schließlich wird uns gezeigt, daß wir ehrlich werden müssen, oder wir werden wieder Drogen nehmen. Wir beten um Bereitschaft und Demut und werden endlich ehrlich in bezug auf unsere falschen Urteile und schlechten Entscheidungen. Wir sagen jenen, denen wir Schaden zugefügt haben, daß wir schuldig waren, und machen alle nötigen Wiedergutmachungen. Jetzt sind wir wieder auf dem Weg der Lösung. Wir arbeiten das Programm. Es wird jetzt leichter, das Programm zu arbeiten. Wir wissen, daß die Schritte helfen, einen Rückfall zu verhindern.

Rückfällige können auch in eine andere Falle geraten. Wir mögen zweifeln, daß wir mit Drogen aufhören und clean bleiben können. Wir können niemals alleine clean bleiben. Frustriert schreien wir: "Ich schaffe es nicht!" Wir machen uns fertig, wenn wir in das Programm zurückkehren. Wir glauben, daß die anderen Mitglieder den Mut, der dazu gehört zurückzukommen, nicht respektieren. Wir haben gelernt, den größten Respekt vor dieser Art von Mut zu haben. Wir applaudieren von ganzem Herzen. Es ist nicht schändlich, rückfällig zu sein — die Schande ist, nicht wiederzukommen. Wir müssen die Illusion zerstören, daß wir es alleine schaffen können.

Eine andere Art des Rückfalls geschieht, wenn Cleansein nicht die höchste Priorität hat. Cleanbleiben muß immer an erster Stelle stehen. Für uns alle gibt es Zeiten, in denen wir Schwierigkeiten in unserer Genesung erfahren. Emotionale Einbrüche erfolgen dann, wenn wir das, was wir gelernt haben, nicht anwenden. Diejenigen, die es durch diese Zeiten schaffen, zeigen einen Mut, den sie nicht aus eigener Kraft aufbringen. Nachdem wir durch eine von diesen Phasen gegangen sind, können wir bereitwillig zustimmen, daß es immer vor der Morgendämmerung am dunkelsten ist. Wenn wir es einmal clean durch einen schwierigen Zeitabschnitt schaffen, haben wir ein Werkzeug zur Genesung in der Hand, das wir immer wieder einsetzen können.

Wenn wir rückfällig werden, empfinden wir Schuld und Verlegenheit. Unser Rückfall ist peinlich, aber wir können nicht unser Gesicht und unseren Arsch gleichzeitig retten. Wir stellen fest, daß es das Beste ist, so schnell wie möglich zum Programm zurückzukehren. Es ist besser, unseren Stolz zu schlucken, als zu sterben oder verrückt zu werden.

Solange wir eine Haltung der Dankbarkeit für unser Cleansein beibehalten, finden wir es leichter, clean zu bleiben. Der beste Weg, Dankbarkeit auszudrücken, ist, die Botschaft unserer Erfahrung, Kraft und Hoffnung zu den immer noch leidenden Süchtigen zu tragen. Wir sind bereit, mit allen leidenden Süchtigen zu arbeiten.

Auf täglicher Basis das Programm zu leben, verschafft uns viele wertvolle Erfahrungen. Wenn wir von der Besessenheit, Drogen zu nehmen, geplagt sind, hat uns Erfahrung gelehrt, andere genesende Süchtige anzurufen und zu einem Meeting zu gehen.

Praktizierende Süchtige sind egozentrische, zornige, ängstliche und einsame Menschen. In Genesung erfahren wir spirituelles Wachstum. Als wir Drogen nahmen, waren wir unehrlich, selbstsüchtig und oft institutionalisiert. Das Programm erlaubt uns, verantwortliche und produktive Mitglieder der Gesellschaft zu werden.

Wenn wir beginnen, in der Gesellschaft wirksam zu sein, hilft uns unsere schöpferische Freiheit, unsere Prioritäten zu setzen und die grundlegenden Dinge zuerst zu tun. Tägliches Praktizieren unseres Zwölf-Schritte-Programms ermöglicht uns, uns zu verändern, von dem was wir waren, zu Menschen, die von einer Höheren Macht geleitet werden. Mit Hilfe unserer Sponsorin, unseres Sponsors oder unserer spirituellen Beraterinnen und Berater lernen wir allmählich, unserer Höheren Macht zu vertrauen und uns auf sie zu verlassen.

KAPITEL ACHT

WIR GENESEN

Unsere persönlichen Geschichten können sich in einzelnen Zügen unterscheiden, aber letztlich haben wir alle eines gemeinsam. Diese Gemeinsamkeit ist die Krankheit Sucht. Wir kennen die beiden Dinge, die wahre Sucht ausmachen, nur zu gut: Besessenheit und Zwang. Besessenheit — diese fixe Idee, die uns immer wieder zu unserer speziellen Droge oder einem Ersatz zurückbringt, um die Erleichterung und das Wohlbefinden, die wir einst gekannt hatten, wiederzuerlangen.

Zwang — haben wir erst einmal mit einem "Druck", einer "Pille"oder einem "Glas" den Prozeß in Gang gesetzt, können wir nicht mehr durch unsere eigene Willenskraft aufhören. Wegen unserer Sensibilität gegenüber Drogen sind wir vollständig im Griff einer zerstörerischen Macht, die stärker ist als wir selbst.

Wenn wir schließlich am Ende dieses Weges feststellen, daß wir weder mit, noch ohne Drogen, als Menschen funktionieren können, stehen wir alle vor demselben Dilemma. Was bleibt uns übrig? Es scheint diese Alternativen zu geben: wir können entweder, so gut es geht, bis zum bitteren Ende — Gefängnis, Anstalt oder Tod — weitermachen, oder wir finden einen neuen Lebensweg. Früher hatten nur sehr wenige Süchtige diese zweite Möglichkeit. Diejenigen, die heutzutage süchtig sind, haben es da besser. Zum ersten Mal in der gesamten Menschheitsgeschichte hat sich ein einfacher Weg im Leben vieler Süchtiger bewährt. Er ist für uns alle gangbar. Er ist ein einfaches geistiges — nicht religiöses — Programm, bekannt als Narcotics Anonymous.

Als meine Sucht mich vor ungefähr 15 Jahren[2] an den Punkt vollständiger Machtlosigkeit, Nutzlosigkeit und Kapitulation brachte, gab es kein NA. Ich fand AA und in jener Gemeinschaft traf ich Süchtige, die auch erkannt hatten, daß dieses Programm die Antwort für ihr Problem ist. Jedoch wußten wir, daß viele noch den Weg der Desillusion, Selbsterniedrigung und des Todes weitergingen, weil sie sich nicht mit den Alkoholikern in AA identifizieren konnten. Sie identifizierten sich auf der Ebene der offensichtlichen Symptome und nicht auf der tieferen Ebene der Gefühle und Emotionen, wo Anteilnahme zur heilenden Therapie für alle süchtigen Menschen wird. Mit mehreren anderen Süchtigen und einigen Mitgliedern von AA, die großes Vertrauen in uns und das Programm hatten, gründeten wir im Juli 1953 das, was heute als Narcotics Anonymous bekannt ist. Wir waren sicher, daß nun Süchtige von Anfang an soviel Identifikation vorfinden würden, wie sie brauchen, um sich selbst davon zu überzeugen, daß sie clean bleiben können, ganz einfach durch das Vorbild der anderen, die seit vielen Jahren auf dem Weg der Genesung sind.

Daß vor allen Dingen dies nötig war, hat sich in den seither vergangenen Jahren bewiesen. Diese wortlose Sprache des Erkennens, Glaubens und Vertrauens, die wir Anteilnahme nennen, schuf eine Atmosphäre, in der wir die Zeit empfinden, mit der Realität in Berührung kommen und spirituelle Werte erkennen konnten, die für viele von uns lange verlorengegangen waren. In unserem Programm der Genesung wachsen wir an Zahl und Stärke. Niemals zuvor war es so vielen cleanen Süchtigen möglich, sich in freier Selbstbestimmung und Gemeinschaft zu treffen, wo sie wollen, um in vollkommener kreativer Freiheit ihre Genesung zu bewahren.

2 — geschrieben 1965

Selbst Süchtige sagten, es sei nicht möglich, es so zu verwirklichen, wie wir es geplant hatten. Wir glaubten an offen bekanntgegebene Meetings — kein Verstecken mehr, wie es andere Gruppen versucht hatten. Wir glaubten, daß wir uns hierin von allen anderen Methoden unterschieden, die vorher versucht worden waren und eine langzeitige Absonderung aus der Gesellschaft befürworteten. Wir meinten, je eher die Süchtigen sich im täglichen Leben ihrem Problem stellten, desto eher würden sie wirklich produktive Bürger werden. Wir müssen ohnehin irgendwann einmal auf unseren eigenen Füßen stehen und uns mit dem Leben zu seinen Bedingungen auseinandersetzen, warum also nicht gleich von Anfang an.

Natürlich haben deshalb viele einen Rückfall erlitten, und viele waren vollkommen verloren. Viele jedoch blieben dabei, und einige kamen nach ihrem Rückfall zurück. Die positive Seite dieser Tatsache jedoch ist, daß von denjenigen, die jetzt unsere Mitglieder sind, viele schon lange vollkommen abstinent leben und besser fähig sind, Neuankömmlingen zu helfen. Ihre Einstellung, die auf den spirituellen Werten unserer Schritte und Traditionen beruht, ist die dynamische Kraft, die Wachstum und Einigkeit in unser Programm bringt. Wir wissen heute, daß die alte Unwahrheit "Einmal süchtig, immer süchtig" nun nicht mehr länger toleriert wird, weder von der Gesellschaft noch von den Süchtigen selbst. Wir genesen.

Genesung beginnt mit Kapitulation. Ab diesem Punkt werden alle von uns daran erinnert, daß ein Tag clean, ein gewonnener Tag ist. In Narcotics Anonymous ändern sich unsere Einstellungen, Gedanken und Reaktionen. Wir fangen an zu erkennen, daß wir nicht fremdartig sind, und beginnen zu verstehen und zu akzeptieren, wer wir sind.

Seit es Menschen gibt, gibt es Sucht. Für uns ist Sucht die Besessenheit, Drogen zu nehmen, die uns zerstören, gefolgt von einem Zwang, der uns treibt weiterzumachen. Vollständige Abstinenz ist die Grundlage für unseren neuen Lebensweg.

In der Vergangenheit gab es keine Hoffnung für Süchtige. In Narcotics Anonymous lernen wir, die Einsamkeit, Wut und Angst, die Süchtige gemeinsam haben und nicht kontrollieren können, zu teilen. Es sind unsere alten Gedanken, die uns in Schwierigkeiten brachten. Wir waren nicht auf Erfüllung ausgerichtet; wir konzentrierten uns auf die Leere und Wertlosigkeit von allem. Wir konnten mit Erfolg nicht umgehen, also wurde Mißerfolg zu einem Lebensweg. In Genesung sind Mißerfolge nur vorübergehende Rückschläge, anstatt Glieder einer unzerreißbaren Kette. Ehrlichkeit, Offenheit und Bereitschaft, sich zu ändern, sind alles neue Einstellungen, die uns helfen, unsere Fehler zuzugeben und um Hilfe zu bitten. Wir sind nicht länger gezwungen, gegen unsere wahre Natur zu handeln und Dinge zu tun, die wir nicht wirklich tun möchten.

Die meisten Süchtigen sträuben sich gegen Genesung, und das Programm, das wir mit ihnen teilen, stört ihr Drogennehmen. Wenn Neuankömmlinge uns sagen, daß sie weiter Drogen in jeder Form nehmen können und keine üblen Wirkungen erleiden, gibt es zwei Möglichkeiten der Betrachtung. Die erste Möglichkeit ist, daß sie keine Süchtigen sind. Die andere ist, daß ihre Krankheit für sie noch nicht offensichtlich wurde und daß sie ihre Sucht noch leugnen. Sucht und Entzug verzerren vernünftiges Denken, und Neuankömmlinge konzentrieren sich gewöhnlich eher auf Unterschiede als auf Gemeinsamkeiten. Sie suchen nach Wegen, die Anzeichen der Sucht zu widerlegen oder sich selbst von der Genesung auszuschließen.

Als wir neu waren, taten viele von uns das gleiche; wenn wir also mit anderen zusammenarbeiten, versuchen wir nicht, irgendwas zu tun oder zu sagen, das ihnen die Entschuldigung gibt, weiter Drogen zu nehmen. Wir wissen, daß Ehrlichkeit und Einfühlungsvermögen wesentlich sind. Die vollständige

Kapitulation ist der Schlüssel zur Genesung, und völlige Abstinenz ist die einzige Sache, die jemals für uns funktioniert. Nach unseren Erfahrungen ist keinen Süchtigen, die sich diesem Programm ganz übergeben haben, jemals Genesung versagt geblieben.

Narcotics Anonymous ist ein spirituelles, nicht religiöses Programm. Süchtige, die clean bleiben, sind ein Wunder, und das Wunder am Leben zu erhalten ist ein fortschreitender Prozeß von Bewußtsein, Kapitulation und Wachstum. Für Süchtige ist, keine Drogen zu nehmen, ein abnormaler Zustand. Wir lernen, clean zu leben. Wir lernen, mit uns selbst ehrlich zu sein und Dinge von beiden Seiten zu betrachten. Entscheidungen zu treffen ist zuerst hart. Bevor wir clean wurden, wurden die meisten unserer Entscheidungen impulsiv getroffen. Heute sind wir nicht in dieser Denkweise gefangen. Wir sind frei.

In unserer Genesung halten wir es für wesentlich, die Realität anzunehmen. Wenn wir dies tun können, ist es für uns nicht notwendig, Drogen zu nehmen, um unsere Wahrnehmung zu verändern. Ohne Drogen haben wir eine Chance anzufangen, als nützliche Menschen zu funktionieren, wenn wir uns und die Welt so, wie sie ist, annehmen. Wir erfahren, daß Konflikte ein Teil der Realität sind, und wir lernen neue Wege, sie zu lösen, statt vor ihnen fortzulaufen. Sie sind ein Teil der wirklichen Welt. Wir lernen, uns nicht emotional in Probleme zu verstricken. Wir beschäftigen uns mit dem, was ansteht, und versuchen nicht, Lösungen zu erzwingen. Wir haben gelernt, wenn eine Lösung nicht praktisch ist, ist sie nicht spirituell. In der Vergangenheit machten wir aus einfachen Situationen Probleme; aus einer Mücke machten wir einen Elefanten. Unsere besten Ideen haben uns hierher gebracht. In Genesung lernen wir, uns auf eine Macht, größer als wir selbst, zu verlassen. Wir haben nicht alle Antworten oder Lösungen, doch wir können lernen, ohne Drogen zu leben. Wir können clean bleiben und das Leben genießen, wenn wir daran denken, "Nur für heute" zu leben.

Wir sind nicht verantwortlich für unsere Krankheit, nur für unsere Genesung. Sobald wir anfangen, das anzuwenden, was wir gelernt haben, beginnt unser Leben sich zum Besseren zu wenden. Wir suchen Hilfe bei Süchtigen, die das Leben genießen, frei von der Besessenheit, Drogen zu nehmen. Wir brauchen dieses Programm nicht zu verstehen, damit es funktioniert. Alles, was wir zu tun haben, ist, den Anleitungen zu folgen.

Wir erhalten Erleichterung durch die Zwölf Schritte, die wesentlich sind für den Genesungsprozeß, da sie ein neuer spiritueller Lebensweg sind, der es uns ermöglicht, an unserer eigenen Genesung mitzuwirken.

Vom ersten Tage an werden die Zwölf Schritte ein Teil unseres Lebens. Zuerst sind wir vielleicht mit negativer Einstellung erfüllt und lassen nur den Ersten Schritt auf uns wirken. Später haben wir weniger Angst und können diese Werkzeuge vollständiger und zu unserem größeren Vorteil benutzen. Wir erkennen, daß alte Gefühle und Ängste Symptome unserer Krankheit sind. Wirkliche Freiheit ist jetzt möglich.

Indem wir genesen, gewinnen wir eine neue Haltung zum Cleansein. Wir genießen ein Gefühl von Befreiung und Freiheit von dem Verlangen zu nehmen. Wir finden, daß alle, denen wir begegnen, letztendlich etwas anzubieten haben. Wir wurden fähig, sowohl anzunehmen als auch zu geben. Leben kann zu einem neuen Abenteuer für uns werden. Wir erfahren Glück, Freude und Freiheit.

Es gibt kein Paradebeispiel für genesende Süchtige. Wenn die Drogen weg sind und Süchtige das Programm arbeiten, geschehen wunderbare Dinge. Verlorene Träume erwachen, und neue Möglichkeiten tauchen auf. Unsere Bereitschaft, spirituell zu wachsen, hält uns über Wasser. Wenn wir umsetzen, was in den Schritten steht, sind die Ergebnisse eine Änderung in unserer Persönlichkeit. Es sind unsere Handlungen, die wichtig sind. Wir überlassen die Ergebnisse unserer Höheren Macht.

Genesung wird zu einem Berührungsvorgang; wir verlieren die Furcht, zu berühren und berührt zu werden. Wir erfahren, daß eine einfache, liebende Umarmung die Welt ausmachen kann, wenn wir uns allein fühlen. Wir erleben wahre Liebe und wahre Freundschaft.

Wir wissen, daß wir über eine Krankheit machtlos sind, die unheilbar, fortschreitend und tödlich ist. Wenn nicht zum Stillstand gebracht, wird sie schlimmer, bis wir sterben. Wir können mit der Besessenheit und dem Zwang nicht umgehen. Die einzige Alternative ist aufhören zu nehmen und anfangen, leben zu lernen. Wenn wir bereit sind, diesem Weg der Taten zu folgen und die uns angebotene Hilfe zu nutzen, wird ein ganz neues Leben möglich. Auf diese Weise genesen wir.

Heute, sicher in der Liebe der Gemeinschaft, können wir endlich einem anderen Menschen in die Augen sehen und dankbar dafür sein, wer wir sind.

KAPITEL NEUN

NUR FÜR HEUTE – DAS PROGRAMM LEBEN

Sage Dir selbst:

NUR FÜR HEUTE werden meine Gedanken bei der Genesung sein, beim Leben und bei der Freude am Leben ohne Drogen.

NUR FÜR HEUTE werde ich einem Mitglied von NA vertrauen, das an mich glaubt und mir in meiner Genesung helfen will.

NUR FÜR HEUTE werde ich ein Programm haben. Ich werde versuchen, ihm so gut wie möglich zu folgen.

NUR FÜR HEUTE werde ich durch NA versuchen, ein besseres Verhältnis zu meinem Leben zu gewinnen.

NUR FÜR HEUTE werde ich nicht ängstlich sein, meine Gedanken werden bei meinen neuen Bekannten sein, bei Leuten, die keine Drogen nehmen und die einen neuen Lebensweg gefunden haben. Solange ich diesem Weg folge, brauche ich nichts zu befürchten.

Wir geben zu, daß unser Leben nicht zu meistern war, doch manchmal haben wir ein Problem zuzugeben, daß wir Hilfe brauchen. Unser Eigenwille führt zu vielen Problemen in unserer Genesung. Wir wollen und fordern, daß alles nach unserem Kopf geht. Aus unseren früheren Erfahrungen sollten wir wissen, daß unsere Art, die Dinge anzugehen, nicht funktionierte. Das Prinzip der Kapitulation führt uns in eine Lebensweise, in der wir unsere Kraft von einer Macht, größer als wir selbst, beziehen. Unsere tägliche Kapitulation vor unserer Höheren Macht gibt uns die Hilfe, die wir brauchen. Als Süchtige haben wir Schwierigkeiten mit Annahme, die für unsere Genesung entscheidend ist. Wenn wir uns weigern, Annahme zu praktizieren, leugnen wir in Wirklichkeit immer noch unseren Glauben an eine Höhere Macht. Sich zu ängstigen ist mangelnder Glaube.

Unseren Willen aufzugeben, stellt die Beziehung zu einer Höheren Macht her, welche die Leere in uns füllt, die durch nichts ausgefüllt werden konnte. Wir haben gelernt, täglich auf Gottes Hilfe zu vertrauen. Nur für heute zu leben, befreit uns von der Last der Vergangenheit und der Angst vor der Zukunft. Wir haben gelernt, alles zu tun, was erforderlich ist, und die Ergebnisse in den Händen unserer Höheren Macht zu belassen.

Das Programm von Narcotics Anonymous ist ein spirituelles Programm. Wir empfehlen dringend, daß unsere Mitglieder den Versuch unternehmen, eine Höhere Macht nach ihrem Verständnis zu finden. Einige von uns haben tiefgehende spirituelle Erfahrungen, dramatisch und einer Eingebung gleichend. Für andere ist das Erwachen subtiler. Wir genesen in einer Atmosphäre von Annahme und Respekt vor dem Glauben der anderen. Wir versuchen, den Selbstbetrug durch Hochmut und Selbstgerechtigkeit zu vermeiden. So, wie wir den Glauben in unserem täglichen Leben entwickeln, finden wir, daß unsere Höhere Macht uns mit der Kraft und Führung versorgt, die wir brauchen.

Allen von uns steht es frei, ein eigenes Konzept einer Höheren Macht zu entwickeln. Viele von uns waren mißtrauisch und skeptisch aufgrund der Enttäuschungen, die sie mit Religion erlebt hatten. Als Neue war uns das Gerede von Gott, das wir in Meetings hörten, zuwider. Bis wir unsere eigenen Antworten auf diesem Gebiet suchten, waren wir in den Vorstellungen gefangen, die wir in der Vergangenheit zusammengetragen hatten. Agnostiker und Atheisten fangen manchmal an, indem sie zu dem sprechen, "was immer da ist". Es gibt einen Geist oder eine Energie, die in den Meetings zu spüren ist. Für Neue ist dies manchmal das erste Konzept von einer Höheren Macht. Gedankengut aus der Vergangenheit ist häufig unvollständig und nicht zufriedenstellend. Alles, was wir wissen, ist Gegenstand einer Überprüfung, besonders, was wir über die Wahrheit wissen. Wir bewerten unsere alten Gedanken neu, damit wir mit den neuen Gedanken vertraut werden können, die uns zu einer neuen Lebensform hinführen. Wir erkennen, daß wir Menschen mit einer körperlichen, geistigen und spirituellen Krankheit sind. Wenn wir akzeptieren, daß die Sucht unsere eigene Hölle verursacht und daß es eine Macht gibt, die uns helfen kann, fangen wir an, Fortschritte beim Lösen unserer Probleme zu machen.

Ein Versäumnis in der täglichen Programmarbeit kann sich auf unterschiedlichste Weise zeigen. Durch aufgeschlossenes Bemühen kommen wir dazu, uns auf eine tägliche Beziehung zu Gott, wie wir Ihn verstehen, zu verlassen. Jeden Tag bitten die meisten von uns ihre Höhere Macht, ihnen beim Cleanbleiben zu helfen, und jeden Abend bedanken wir uns für das Geschenk der Genesung. Wenn unser Leben bequemer wird, verfallen viele von uns in spirituelle Selbstgefälligkeit, und einen Rückfall riskierend, finden wir uns im gleichen Grauen und der gleichen Sinnlosigkeit wieder, von denen uns lediglich eine tägliche Atempause gewährt wurde. Dies ist hoffentlich der Punkt, an dem uns unser Schmerz motiviert, unsere tägliche spirituelle Programmarbeit wieder aufzunehmen. Eine Art, wie wir besonders in schweren Zeiten eine bewußte Verbindung aufrecht erhalten können, ist die Auflistung der Dinge, für die wir dankbar sind.

Viele von uns haben herausgefunden, daß es hilfreich ist, sich einige ruhige Momente zu reservieren, um eine bewußte Verbindung zu unserer Höheren Macht herzustellen. Indem Meditation unseren Geist zur Ruhe bringt, kann sie uns zu Stille und Gelassenheit führen. Den Geist zur Ruhe zu bringen kann an jedem Ort, zu jeder Zeit oder auf jede Art erfolgen, entsprechend der individuellen Art der Person.

Unsere Höhere Macht ist jederzeit für uns erreichbar. Wir erhalten Führung, wenn wir um das Wissen des Willens Gottes für uns bitten. Allmählich werden wir mehr gott- als selbstzentriert, und unsere Verzweiflung verwandelt sich in Hoffnung. Veränderung beinhaltet auch die große Quelle der Angst, das Unbekannte. Unsere Höhere Macht ist die Quelle des Mutes, den wir brauchen, um dieser Angst begegnen zu können.

Einige Dinge müssen wir annehmen, andere können wir ändern. Die Weisheit, das eine vom anderen zu unterscheiden, kommt mit dem Wachstum in unserem spirituellen Programm. Wenn wir täglich unsere spirituelle Verfassung bewahren, stellen wir fest, daß es einfacher ist, mit Schmerz und Verwirrung umzugehen. Dies ist die emotionale Stabilität, die wir so dringend brauchen. Mit der Hilfe unserer Höheren Macht müssen wir nie mehr Drogen nehmen.

Alle Süchtigen, die clean sind, sind ein Wunder. Mit einer positiven Einstellung halten wir dieses Wunder unserer fortwährenden Genesung lebendig. Wenn wir nach einer bestimmten Zeit Schwierigkeiten mit unserer Genesung haben, haben wir wahrscheinlich damit aufgehört, ein oder mehrere Dinge zu tun, die uns am Anfang unserer Genesung geholfen haben.

Drei grundlegende spirituelle Prinzipien sind Ehrlichkeit, Aufgeschlossenheit und Bereitschaft. Sie sind das WIE des Programms. Das erste, was wir ehrlich ausdrücken, ist das Verlangen, mit Drogen aufzuhören. Als nächstes geben wir ehrlich zu, daß wir machtlos sind und unser Leben nicht meistern können.

Uneingeschränkte Ehrlichkeit ist das wichtigste Werkzeug, um zu lernen, für heute zu leben. Obwohl es schwer ist, Ehrlichkeit zu praktizieren, zahlt sie sich in höchstem Maße aus. Ehrlichkeit ist das Gegenmittel zu unserem krankhaften Denken. Unser neu gefundener Glaube bildet eine solide Grundlage, um in der Zukunft Mut zu haben.

Was wir über das Leben wußten, bevor wir zu NA kamen, brachte uns fast um. Unsere Art, unser Leben zu meistern, brachte uns in das Narcotics Anonymous Programm. Als wir zu NA kamen, wußten wir nur wenig darüber, was es heißt, glücklich zu sein und sich am Leben zu freuen. Einem verschlossenen Geist kann keine neue Idee aufgepfropft werden. Aufgeschlossenheit ermöglicht uns, etwas zu hören, das vielleicht unser Leben retten kann. So können wir gegensätzliche Ansichten aufnehmen und unsere eigenen Schlußfolgerungen ziehen. Aufgeschlossenheit führt uns zu genau den Einsichten, die sich uns während unseres Lebens immer wieder entzogen. Dieses Prinzip ermöglicht uns, an einer Diskussion teilzunehmen, ohne voreilige Schlüsse zu ziehen oder im voraus zu bestimmen, was falsch oder richtig ist. Wir müssen uns nicht mehr zum Narren halten, indem wir uns für nicht vorhandene Tugenden einsetzen. Wir haben gelernt, daß es in Ordnung ist, nicht alle Antworten zu wissen, denn dann sind wir aufnahmefähig und können lernen, unser neues Leben erfolgreich zu leben.

Aufgeschlossenheit ohne Bereitschaft wird uns jedoch nirgendwohin führen. Wir müssen bereit sein, alles zu tun, was für unsere Genesung nötig ist. Wir wissen nie, wann es an der Zeit ist, daß wir all unser Bemühen und unsere Kraft, die wir haben, darauf verwenden müssen, um nur clean zu bleiben.

Ehrlichkeit, Aufgeschlossenheit und Bereitschaft arbeiten Hand in Hand. Wenn eines dieser Prinzipien in unserem persönlichen Programm fehlt, kann dies zu einem Rückfall führen; dann wird die Genesung sicherlich schwierig und schmerzhaft, wo sie doch einfach sein könnte. Dieses Programm ist ein lebenswichtiger Bestandteil unseres täglichen Lebens. Gäbe es dieses Programm nicht, wären die meisten von uns tot oder in Anstalten. Unsere Einstellung verwandelt sich von der eines Einzelgängers oder einer Einzelgängerin zu der eines Mitgliedes. Wir legen Wert darauf, unsere Sachen in Ordnung zu bringen, denn das verschafft uns Erleichterung. Wir vertrauen auf unsere Höhere Macht, daß sie uns die Kraft gibt, die wir brauchen, um unsere Bedürfnisse zu befriedigen.

Ein Weg, die Prinzipien Ehrlichkeit, Aufgeschlossenheit und Bereitschaft zu praktizieren, ist, eine tägliche Inventur zu machen. Unsere Inventur erlaubt uns, unser tägliches Wachstum zu erkennen. Wir sollten unsere Vorzüge nicht vergessen, während wir danach streben, unsere Fehler auszumerzen. Die alte Selbsttäuschung und Selbstzentriertheit kann durch spirituelle Prinzipien ersetzt werden.

Clean bleiben ist der erste Schritt, sich dem Leben zu stellen. Wenn wir Annahme praktizieren, vereinfacht sich unser Leben. Wenn Probleme auftauchen, hoffen wir, mit den Werkzeugen des Programms gut ausgerüstet zu sein. Wir müssen ehrlich unsere Selbstzentriertheit und unsere Selbstzerstörung aufgeben. In der Vergangenheit glaubten wir, daß uns Verzweiflung die Kraft zum Überleben geben würde. Jetzt übernehmen wir die Verantwortung für unsere Probleme und sehen, daß wir genauso für unsere Lösungen verantwortlich sind.

Als Süchtige auf dem Weg der Genesung lernen wir Dankbarkeit kennen. Wenn unsere Fehler beseitigt werden, sind wir frei, all das zu werden, zu dem wir fähig sind. Unsere neue Persönlichkeit kommt zum Vorschein mit einem Bewußtsein von uns selbst und der Fähigkeit, unseren Platz in der Welt einzunehmen.

Indem wir die Schritte leben, beginnen wir, unsere Selbstbesessenheit loszulassen. Wir bitten eine Höhere Macht, uns die Angst zu nehmen, uns selbst und unserem Leben gegenüberzutreten. Wir definieren uns neu, indem wir die Schritte arbeiten und die Werkzeuge der Genesung benutzen. Wir sehen uns anders. Unsere Persönlichkeit ändert sich. Wir werden zu fühlenden Menschen, fähig, auf das Leben angemessen zu reagieren. Wir stellen spirituelles Leben an die erste Stelle und lernen, Geduld, Toleranz und Demut in unseren täglichen Angelegenheiten anzuwenden.

Andere Menschen in unserem Leben helfen uns, Vertrauen und eine liebende Einstellung zu entwickeln; wir fordern weniger und geben mehr. Wir ärgern uns nicht mehr so schnell und können schneller vergeben. Wir lernen etwas über die Liebe, die wir in unserer Gemeinschaft erfahren. Wir beginnen zu fühlen, daß wir liebenswert sind, ein Gefühl, das unserem alten egozentrischen Selbst völlig fremd war.

Das Ego kontrollierte uns auf alle möglichen Arten und Weisen. Ärger ist unsere Reaktion auf unsere gegenwärtige Wirklichkeit. Groll läßt uns vergangene Erfahrung wieder und wieder erleben, und Angst ist unsere Antwort auf die Zukunft. Wir müssen bereit werden, Gott diese Fehler beseitigen zu lassen, die unser spirituelles Wachstum belasten.

Durch das Teilen unserer Lebenserfahrung sind für uns neue Ideen verfügbar. Indem wir die wenigen einfachen Richtlinien in diesem Kapitel strikt ausführen, genesen wir täglich. Die Prinzipien des Programms formen unsere Persönlichkeit.

Aus der Isolation unserer Sucht kommend, finden wir eine Gemeinschaft von Menschen, deren gemeinsame Verbindung die Genesung ist. NA ist wie ein Rettungsboot in einem Meer von Isolation, Hoffnungslosigkeit und zerstörerischem Chaos. Unser Vertrauen, unsere Kraft und Hoffnung kommen von Leuten, die ihre Genesung teilen, und von unserer Beziehung zu Gott, wie wir ihn verstehen. Zunächst scheint es unangenehm, Gefühle miteinander zu teilen. Von dieser Erfahrung des Teilens abgeschnitten zu sein ist ein Teil der Schmerzen der Sucht. Wenn wir in einer schlimmen Lage sind, oder wenn wir Schwierigkeiten auf uns zukommen sehen, rufen wir jemanden an oder gehen zu einem Meeting. Wir lernen, um Hilfe zu bitten, bevor wir schwierige Entscheidungen treffen. Indem wir demütig werden und um Hilfe bitten, können wir durch die härtesten Zeiten gehen. Ich kann nicht, wir können! Auf diesem Weg finden wir die Kraft, die wir brauchen. Indem wir unsere spirituellen und geistigen Quellen teilen, bilden wir eine auf Gegenseitigkeit beruhende Verbindung.

Die Teilnahme an regelmäßig stattfindenden Meetings und das Teilen mit einzelnen genesenden Süchtigen hilft uns, clean zu bleiben. Meetings zu besuchen, erinnert uns daran, wie es ist, neu zu sein, und an die fortschreitende Natur unserer Krankheit. Durch den Besuch unserer Stammgruppe erhalten wir Ermutigung von Leuten, die wir dort kennenlernen. Dies unterstützt unsere Genesung und hilft uns in unserem täglichen

Leben. Wenn wir ehrlich unsere Geschichte erzählen, kann sich jemand anderes mit uns identifizieren. Indem wir den Bedürfnissen unserer Mitglieder dienen und unsere Botschaft zugänglich machen, erhalten wir ein Gefühl der Freude. Dienst verschafft uns Möglichkeiten, auf eine Art zu wachsen, die alle Teile unseres Lebens berührt. Unsere Erfahrung in Genesung kann anderen helfen, mit ihren Problemen fertigzuwerden; was für uns funktionierte, kann auch für sie funktionieren. Die meisten Süchtigen sind fähig, diese Art des Teilens anzunehmen, und sogar von Anfang an. Das Zusammensein nach unseren Meetings bietet eine gute Gelegenheit, das zu teilen, was wir während der Meetings nicht diskutieren konnten. Dies ist ebenfalls ein guter Zeitpunkt, um mit unseren Sponsorinnen und Sponsoren unter vier Augen zu sprechen. Die Dinge, die wir hören müssen, werden zum Vorschein kommen und klar für uns werden.

Indem wir die Erfahrung unserer Genesung mit Neuankömmlingen teilen, helfen wir uns selbst, clean zu bleiben. Wir teilen mit anderen Trost und Ermutigung. Heute gibt es Menschen in unserem Leben, die uns beistehen. Wenn wir von unserer Selbstzentriertheit loskommen, erhalten wir einen besseren Überblick über das Leben. Wenn wir um Hilfe bitten, können wir uns ändern. Miteinander zu teilen, ist zuweilen ein Wagnis, doch wenn wir verletzbar werden, sind wir auch in der Lage zu wachsen.

Manche werden zu Narcotics Anonymous kommen und immer noch versuchen, andere dafür zu benutzen, ihre Gewohnheit fortzusetzen. Ihre Verschlossenheit bildet eine Barriere gegen Veränderung. Ein Geist der Aufgeschlossenheit gepaart mit dem Eingeständnis der Machtlosigkeit ist ein Schlüssel, der die Tür zur Genesung öffnet. Wenn jemand mit einem Drogenproblem zu uns kommt und Genesung sucht und bereit ist, dann teilen wir gerne, wie wir clean bleiben.

Wir entwickeln Selbstachtung, indem wir anderen helfen, eine neue Lebensweise zu finden. Wenn wir das, was wir haben, ehrlich bewerten, können wir lernen, es zu würdigen. Durch unsere Mitgliedschaft bei NA entwickeln wir Selbstwert.

Wir können die Geschenke der Genesung überall hin mitnehmen. Die Zwölf Schritte von Narcotics Anonymous sind ein fortschreitender Genesungsprozeß, der einen festen Platz in unserem täglichen Leben einnimmt. Fortschreitende Genesung hängt von unserer Beziehung zu einem liebenden Gott ab, der sich um uns sorgt und das für uns tut, was wir für uns selbst nicht tun können.

Während unserer Genesung kommen alle von uns zu ihrem eigenen Verständnis des Programms. Wenn wir Schwierigkeiten haben, verlassen wir uns auf unsere Gruppen, Sponsoren und Sponsorinnen und auf unsere Höhere Macht, uns zu führen. So kommt die Genesung, die wir bei Narcotics Anonymous finden, sowohl von innen als auch von außen.

Wir leben nur für heute, aber auch von Augenblick zu Augenblick. Wenn wir aufhören, im Hier und Jetzt zu leben, werden unsere Probleme sinnlos vergrößert. Geduld ist nicht gerade unsere Stärke. Daher brauchen wir unsere Slogans und unsere NA-Freundinnen und -Freunde, damit sie uns daran erinnern, das Programm nur für heute zu leben.

Sage Dir selbst:

NUR FÜR HEUTE werden meine Gedanken bei der Genesung sein, beim Leben und bei der Freude am Leben ohne Drogen.

NUR FÜR HEUTE werde ich einem Mitglied von NA vertrauen, das an mich glaubt und mir in meiner Genesung helfen will.

NUR FÜR HEUTE werde ich ein Programm haben. Ich werde versuchen, ihm so gut wie möglich zu folgen.

NUR FÜR HEUTE werde ich durch NA versuchen, ein besseres Verhältnis zu meinem Leben zu gewinnen.

NUR FÜR HEUTE werde ich nicht ängstlich sein, meine Gedanken werden bei meinen neuen Bekannten sein, bei Leuten, die keine Drogen nehmen und die einen neuen Lebensweg gefunden haben. Solange ich diesem Weg folge, brauche ich nichts zu befürchten.

KAPITEL ZEHN

MEHR WIRD OFFENBART

Während unsere Genesung fortschritt, wurden wir uns immer mehr unserer selbst und der Welt um uns herum bewußt. Unsere Bedürfnisse und unsere Wünsche, unsere "Guthaben" und unsere "Schuld", wurden uns offenbart. Wir erkannten, daß wir keine Macht besaßen, die Welt um uns herum zu ändern, wir konnten nur uns selbst ändern. Das Programm von Narcotics Anonymous bietet uns die Gelegenheit, den Schmerz des Lebens durch spirituelle Prinzipien zu lindern.

Wir haben großes Glück, dieses Programm zu haben. Vorher erkannten nur wenige Leute, daß Sucht eine Krankheit ist. Genesung war nur ein Traum.

Das verantwortliche, produktive und drogenfreie Leben tausender von Mitgliedern veranschaulicht die Wirksamkeit unseres Programms. Heute ist Genesung für uns Wirklichkeit. Durch das Arbeiten der Schritte richten wir unsere gebrochene Persönlichkeit wieder auf. Narcotics Anonymous ist eine gesunde Umgebung für Wachstum. Als Gemeinschaft lieben und schätzen wir uns gegenseitig und unterstützen gemeinsam unsere neue Art zu leben.

Indem wir wachsen, gelingt es uns, Demut als Annahme sowohl unserer Vorzüge als auch unserer Nachteile zu verstehen. Was wir am meisten wollen, ist ein gutes Gefühl zu uns zu haben. Heute haben wir echte Gefühle der Liebe, Freude, Hoffnung, Traurigkeit und Aufgeregtheit. Unsere Gefühle sind nicht mehr unsere alten, durch Drogen hervorgerufenen Gefühle.

Manchmal sind wir in alten Denkweisen gefangen, sogar wenn wir schon eine Zeitlang im Programm sind. Die

Grundlagen sind immer wichtig für die Genesung. Wir müssen alte Denkmuster vermeiden, sowohl die alten Ideen als auch unsere Neigung zur Selbstgefälligkeit. Wir können es uns nicht leisten, selbstgefällig zu werden, denn unsere Krankheit ist vierundzwanzig Stunden am Tag mit uns. Wenn wir uns gestatten, uns über- oder unterlegen zu fühlen, während wir diese Prinzipien praktizieren, isolieren wir uns. Wir steuern auf Schwierigkeiten zu, wenn wir uns von anderen Süchtigen getrennt fühlen. Eine Trennung von der Atmosphäre der Genesung und dem Geist des Dienstes an anderen verlangsamt unser spirituelles Wachstum. Selbstgefälligkeit trennt uns von Wohlwollen, Liebe und Mitgefühl.

Wenn wir nicht bereit sind, anderen zuzuhören, leugnen wir die Notwendigkeit zur Verbesserung. Wir lernen, nachgiebig zu werden und zuzugeben, wenn andere Recht und wir Unrecht haben. Wenn neue Dinge offenbart werden, fühlen wir uns erneuert. Wir müssen aufgeschlossen und bereit bleiben, eine extra Sache zu tun: in ein extra Meeting zu gehen, eine extra Minute am Telefon zu bleiben und Neuankömmlingen helfen, einen extra Tag clean zu bleiben. Diese zusätzliche Anstrengung ist lebenswichtig für unsere Genesung.

Zum ersten Mal lernen wir uns selbst kennen. Wir empfinden Neues: wir lieben, wir werden geliebt, wir wissen, daß Menschen sich um uns sorgen, und haben Interesse und Mitgefühl für andere. Heute machen uns Dinge Spaß, an die wir früher noch nicht einmal gedacht, geschweige denn sie getan hätten. Wir machen Fehler, akzeptieren sie und lernen aus ihnen. Wir haben Fehlschläge, und wir lernen, erfolgreich zu sein. Oft müssen wir uns, während unserer Genesung, bestimmten Krisen stellen, wie zum Beispiel dem Tod eines geliebten Menschen, finanziellen Schwierigkeiten oder Trennung. Dies sind Realitäten im Leben, und sie verschwinden nicht einfach, nur weil wir clean werden. Auch nach Jahren der Genesung kann es uns passieren, daß wir ohne Arbeit, ohne Wohnung oder ohne Geld dastehen. Wir hegen den Gedanken, daß sich das Cleanbleiben nicht auszahlt, und alte

Denkweisen bringen Selbstmitleid, Groll und Wut an die Oberfläche. Egal, wie schmerzhaft die Tragödien im Leben für uns sein können, eines ist klar, wir müssen keine Drogen nehmen, was immer geschieht!

Dies ist ein Programm völliger Abstinenz. Es kann jedoch vorkommen, daß zum Beispiel im Fall von gesundheitlichen Problemen mit Operationen und/oder schweren Verletzungen, die Verordnung von Medikamenten begründet ist. Dies bedeutet aber keinen Freibrief zum Nehmen. Für uns gibt es keinen sicheren Gebrauch von Drogen. Unser Körper kennt nicht den Unterschied zwischen den Drogen, die von einem Arzt gegen Schmerzen verschrieben werden, und den Drogen, die wir uns selbst für unser Highwerden verordnen. Als Süchtige wird in solchen Situationen unser Geschick in Selbsttäuschung einen Höhepunkt erreichen. Oft wird unser Kopf zusätzlichen Schmerz fabrizieren als eine Entschuldigung dafür, Drogen zu nehmen. Es unserer Höheren Macht zu überlassen und von unserem Sponsor oder unserer Sponsorin und anderen Mitgliedern Unterstützung zu erhalten, kann uns daran hindern, unser ärgster Feind zu werden. In solchen Zeiten allein zu sein, gäbe unserer Krankheit eine Gelegenheit, die Kontrolle zu übernehmen. Ehrliches Teilen kann unsere Angst vor dem Rückfall zerstreuen.

Eine ernsthafte Krankheit oder Operation kann für uns besondere Probleme mitsichbringen. Die Ärzte und Ärztinnen sollten über unsere Sucht genau Bescheid wissen. Bedenkt, daß letztendlich wir für unsere Genesung und unsere Entscheidungen verantwortlich sind, nicht unsere Ärztinnen und Ärzte. Um die Gefahr möglichst klein zu halten, gibt es bestimmte Möglichkeiten, die wir in Betracht ziehen können. Einige davon sind, örtliche Betäubung, die Droge unserer Wahl vermeiden, die Medikamente absetzen, solange wir noch Schmerzen haben, und zusätzliche Tage im Krankenhaus zu verbringen, im Falle daß Entzugserscheinungen auftreten.

Egal, welchen Schmerz wir erfahren, er wird vorübergehen. Durch Gebet, Meditation und Teilen lenken wir unsere Gedanken von unseren körperlichen Beschwerden ab und haben die Kraft, unsere Prioritäten einzuhalten. Es ist wichtig, möglichst immer NA-Mitglieder in unserer Nähe zu haben. Es ist erstaunlich, wie unser Kopf zu seinen alten Denk- und Verhaltensmustern zurückkehrt. Du wirst Dich wundern, wieviel Schmerz wir ohne Medikamente aushalten können. Wenn wir ein Minimum an Medikamenten eingenommen haben, die uns von gut informierten Fachleuten für äußerste körperliche Schmerzen verschrieben wurden, brauchen wir, auch in diesem Programm völliger Abstinenz, keine Schuldgefühle zu haben.

Durch Schmerz in der Genesung wachsen wir und stellen häufig fest, daß eine derartige Krise ein Geschenk ist, eine Gelegenheit, Wachstum durch clean leben zu erfahren. Vor unserer Genesung waren wir unfähig, überhaupt auf den Gedanken zu kommen, daß Probleme Geschenke mitsichbringen könnten. So ein Geschenk kann daraus bestehen, daß wir aus uns selbst Kraft schöpfen oder das Gefühl der Selbstachtung wiedererlangen, das wir verloren hatten.

Spirituelles Wachstum, Liebe und Mitgefühl sind nutzlose Güter, wenn wir sie nicht mit anderen Süchtigen teilen. Wenn wir in der Gemeinschaft bedingungslose Liebe geben, werden wir liebevoller und wenn wir unser spirituelles Wachstum teilen, so werden wir spiritueller.

Wir werden an unsere eigenen Anfänge erinnert, wenn wir diese Botschaft anderen Süchtigen bringen. Nachdem wir die Möglichkeit hatten, uns an alte Gefühle und Verhaltensweisen zu erinnern, können wir unser eigenes persönliches und spirituelles Wachstum sehen. Während wir die Fragen anderer beantworten, wird unser eigenes Denken klarer. Neuere Mitglieder sind eine stetige Quelle der Hoffnung, sie erinnern uns ständig daran, daß das Programm funktioniert. Wenn wir mit Neuankömmlingen arbeiten, haben wir die Möglichkeit, das Wissen zu leben, das wir erhielten, indem wir clean geblieben sind.

Wir haben gelernt, die Achtung der anderen zu schätzen. Es freut uns, wenn Leute sich auf uns verlassen können. Zum ersten Mal in unserem Leben könnte es sein, daß wir gebeten werden, für andere Organisationen, außerhalb von NA, in verantwortlichen Positionen zu dienen. Von Nicht-Süchtigen wird in Bereichen, die nichts mit Sucht und Genesung zu tun haben, unsere Meinung gefragt und geschätzt. Wir können uns auf neue Art und Weise an unseren Familien erfreuen und werden möglicherweise für sie, statt einer Blamage und Belastung, zur Stütze. Heute können sie stolz auf uns sein. Unser persönliches Interesse kann sich auf soziale oder gar politische Angelegenheiten erweitern. Hobbies und Freizeit bereiten uns neue Freude. Zu wissen, daß wir für andere neben unserem Wert als genesende Süchtige auch wertvolle Menschen sind, gibt uns ein gutes Gefühl.

Die Bestärkung, die wir durch Sponsorenschaft erhalten, ist grenzenlos. Wir verbrachten Jahre damit, auf jede nur vorstellbare Art von anderen zu nehmen. Wenn wir einer anderen Person etwas gegeben haben, egal wie wenig, gewinnen wir einen spirituellen Bewußtseinszustand, der sich mit Worten nicht beschreiben läßt.

Wir sind uns gegenseitig Ohr und Auge. Wenn wir etwas falsch machen, helfen uns die anderen Süchtigen, indem sie uns zeigen, was wir nicht sehen können. Zuweilen finden wir uns in alten Ideen gefangen. Wir müssen ständig unsere Gefühle und Gedanken überprüfen, wenn wir begeistert bleiben und spirituell wachsen wollen. Diese Begeisterung wird unserer weiteren Genesung helfen.

Heute haben wir die Freiheit, zu wählen. Wenn wir das Programm, so gut wir können, arbeiten, wird das "Von uns selbst Besessensein" von uns genommen. Viel von unserer Einsamkeit und Angst wird durch die Liebe und Sicherheit der Gemeinschaft ersetzt. Leidenden Süchtigen zu helfen, ist eine der großartigsten Erfahrungen, die das Leben zu bieten hat.

Wir sind bereit, zu helfen. Da wir ähnliche Erfahrungen gemacht haben, verstehen wir andere Süchtige wie sonst niemand. Wir bieten Hoffnung, denn wir wissen, daß jetzt ein besseres Leben für uns Wirklichkeit geworden ist, und wir geben Liebe, weil sie auch uns so frei gegeben wurde. Neue Welten öffnen sich, wenn wir lieben lernen. Liebe kann der Fluß der Lebensenergie von einem Menschen zum anderen sein. Indem wir Anteil nehmen, teilen und für andere beten, werden wir ein Teil von ihnen. Durch Einfühlung gestatten wir Süchtigen, ein Teil von uns zu werden.

Während wir dies tun, machen wir eine lebenswichtige spirituelle Erfahrung und werden verändert. In der Praxis heißt das, Veränderungen treten auf, denn was für eine Phase der Genesung gilt, muß nicht für eine andere gelten. Wir lassen ständig das los, was seinen Zweck erfüllt hat, und lassen uns von Gott durch die gegenwärtige Phase führen, mit dem, was hier und jetzt funktioniert.

In dem Maße, in dem wir mehr auf Gott vertrauen und mehr Selbstachtung gewinnen, erkennen wir, daß wir uns keinem Menschen unter- oder überlegen zu fühlen brauchen. Unser tatsächlicher Wert liegt darin, wir selbst zu sein. Unser Ego, das einst so groß und mächtig war, tritt jetzt in den Hintergrund, da wir uns in Eintracht mit einem liebenden Gott befinden. Wenn wir den Eigenwillen verlieren, erkennen wir, daß wir ein reicheres, glücklicheres und erfüllteres Leben führen.

Wir werden fähig, weise und liebende Entscheidungen zu treffen, die auf Prinzipien und Idealen beruhen, die wahre Werte in unserem Leben sind. Indem wir unsere Gedanken durch spirituelle Ideale formen, werden wir frei, die Menschen zu werden, die wir sein wollen. Durch unser Vertrauen auf einen liebenden Gott können wir jetzt das, was wir fürchteten, überwinden. Glaube hat unsere Angst ersetzt und uns Freiheit von uns selbst geschenkt.

In Genesung streben wir auch nach Dankbarkeit. Wir fühlen uns dankbar für unser stetes Gottesbewußtsein. Immer wenn wir auf eine Schwierigkeit stoßen, von der wir annehmen, daß wir sie nicht bewältigen können, bitten wir Gott, für uns zu tun, was wir selbst nicht können.

Ein spirituelles Erwachen ist ein fortschreitender Prozeß. Während wir spirituell wachsen, erhalten wir einen tieferen Einblick in die Wirklichkeit. Unseren Geist neuen spirituellen und körperlichen Erfahrungen zu öffnen, ist der Schlüssel zu größerem Bewußtsein. So wie wir spirituell wachsen, kommen wir mit unseren Gefühlen und unserem Lebenszweck in Einklang.

Indem wir uns selbst lieben, werden wir fähig, auch andere wirklich zu lieben. Dies ist ein spirituelles Erwachen als Ergebnis des gelebten Programms. Wir stellen an uns fest, daß wir uns trauen, Anteil zu nehmen und zu lieben.

Höhere geistige und emotionale Bereiche, wie das Gewissen und die Fähigkeit zu lieben, waren durch unseren Drogengebrauch stark beeinträchtigt. Die Lebensfähigkeiten waren auf das Niveau eines Tieres zurückgegangen. Unser Geist war gebrochen. Die Fähigkeit, sich als Mensch zu fühlen, war verlorengegangen. Das mag sich übertrieben anhören, doch viele von uns befanden sich in dieser Lage.

Durch Genesung werden mit der Zeit unsere Träume wahr. Wir meinen damit nicht, daß wir unbedingt reich oder berühmt werden. Indem wir den Willen unserer Höheren Macht erkennen, werden Träume für uns in Genesung wahr.

Eines der ständigen Wunder der Genesung ist, ein produktives, verantwortungsbewußtes Mitglied der Gesellschaft zu werden. Wir müssen Bereiche vorsichtig betreten, in denen wir uns Erfahrungen aussetzen, die unser Ego aufblähen, wie Prestige und Manipulation, die für uns vielleicht schwierig werden können. Wir haben erfahren, daß unsere Genesung an erste Stelle zu setzen, der beste Weg ist, ein produktives, verantwortungsbewußtes Mitglied der Gesellschaft zu bleiben. NA kann ohne uns überleben, aber wir nicht ohne NA.

Narcotics Anonymous bietet nur ein Versprechen: die Freiheit von der aktiven Sucht; die Lösung, die für uns so lange nicht faßbar war. Wir werden aus den von uns selbst geschaffenen Gefängnissen befreit.

Indem wir nur für heute leben, können wir nicht wissen, was auf uns zukommen wird. Oft sind wir erstaunt darüber, wie die Dinge sich für uns entwickeln. Wir genesen im Hier und Jetzt, und die Zukunft wird zu einer aufregenden Reise. Wenn wir eine Liste aller Erwartungen geschrieben hätten, als wir in das Programm gekommen sind, hätten wir uns selbst betrogen. Hoffnungslose Lebensprobleme haben sich erfreulich verändert. Unsere Krankheit ist zum Stillstand gekommen, und nun ist alles möglich.

Wir werden immer aufgeschlossener und offen für neue Gedanken in allen Bereichen unseres Lebens. Durch aufmerksames Zuhören nehmen wir Dinge auf, die für uns funktionieren. Diese Fähigkeit zuzuhören ist ein Geschenk und wächst in dem Maße, in dem wir spirituell wachsen. Das Leben erhält eine neue Bedeutung, wenn wir uns diesem Geschenk öffnen. Wir müssen bereit sein zu geben, um zu erhalten.

In Genesung ändern sich unsere Vorstellungen von Vergnügen. Jetzt sind wir frei, die einfachen Dinge des Lebens zu genießen, wie Gemeinschaft und das Leben in Harmonie mit der Natur. Jetzt sind wir frei geworden, ein neues Verständnis vom Leben zu entwickeln. Wenn wir zurückschauen, sind wir für unser neues Leben dankbar. Es ist so anders als all das, was uns hierher gebracht hat.

Während wir Drogen nahmen, dachten wir, daß wir Spaß daran hätten und daß den Menschen, die nicht nahmen, etwas entginge. Spiritualität ermöglicht uns, voll und ganz zu leben und dankbar dafür zu sein, wer wir sind, und was wir im Leben getan haben. Seit Beginn unserer Genesung haben wir festgestellt, daß Freude nicht von materiellen Dingen kommt, sondern aus unserem Inneren. Wir stellen fest, wenn wir unsere Selbstbesessenheit verlieren, sind wir in der Lage zu verstehen, was es bedeutet, glücklich, freudig und frei zu sein.

Unbeschreibliche Freude kommt dann, wenn wir von Herzen teilen; wir brauchen nicht länger zu lügen, um Anerkennung zu erlangen.

Narcotics Anonymous bietet Süchtigen ein Programm zur Genesung, das mehr ist als nur ein Leben ohne Drogen. Diese Lebensform ist nicht nur besser als die Hölle, die wir lebten, sie ist besser als jedes andere Leben, das wir je kannten.

Wir haben einen Weg gefunden, der herausführt, und wir sehen, daß er auch für andere funktioniert. Jeden Tag wird mehr offenbart.

NARCOTICS ANONYMOUS

Vorbehalten für Buch Zwei:
Persönliche Geschichten